W0191975

Mosaik
bei GOLDMANN

Buch

Amelie Fried erzählt neue Geschichten von ihren Sprösslingen Leo und Paulina, bekannt als »Die StörenFrieds«. Seit es sie gibt, ist Amelie Frieds Leben alles, nur nicht langweilig. Leo und Paulina sind jetzt größer geworden, und an Einfallsreichtum mangelt es ihnen bei weitem nicht. So erfahren wir, welche Vorteile ein hässliches Küchensofa hat, wie man Kindergeburtstage und Einladungen übersteht oder Urlaub mit der ganzen Familie macht.

Autorin

Amelie Fried arbeitete nach ihrem Studium als Fernsehmoderatorin und wurde für ihre Arbeiten mehrfach ausgezeichnet. Heute schreibt sie vor allem Drehbücher, journalistische Beiträge, erfolgreiche Romane und Geschichten über ihre reizenden Sprösslinge. Die Autorin lebt mit ihrer Familie bei München.

Von Amelie Fried außerdem im Goldmann Verlag erschienen:

Die StörenFrieds (44380)
Das kleine Buch der StörenFrieds (16407)
Neues von den StörenFrieds (44564)
Traumfrau mit Nebenwirkungen. Roman (43865)

AMELIE FRIED

Das neue Buch der StörenFrieds

Geschichten von Leo und Paulina

Illustriert von Jacky Gleich

Mosaik
bei GOLDMANN

Die vollständige Ausgabe ist unter dem Titel
»Neues von den StörenFrieds«
als Goldmann Taschenbuch Nr. 44564 lieferbar.

Umwelthinweis:
Alle bedruckten Materialien dieses Taschenbuches
sind chlorfrei und umweltschonend.

Leicht gekürzte Taschenbuchausgabe Mai 2002
Wilhelm Goldmann Verlag, München,
ein Unternehmen der Verlagsgruppe Random House GmbH

Umschlaggestaltung: Design Team München
Illustrationen: Jacky Gleich
Layout und Satz: Rita Gerstenbrand
Druck: GGP Media, Pößneck
Verlagsnummer: 16442
Kö · Herstellung: Max Widmaier
Printed in Germany
ISBN 3-442-16442-7
www.goldmann-verlag.de

1 3 5 7 9 10 8 6 4 2

Inhalt

Für Stephanie und Anett

Vorwort

Liebe Leserin, lieber Leser!

Hier sind sie wieder, die »Störenfrieds«! Natürlich sind sie größer geworden: Leo ist inzwischen sechs, Paulina drei Jahre alt, und es ist viel passiert, seit ich das erste Buch über meine Kinder geschrieben habe.

Vielleicht erinnern Sie sich, der Band »Die Störenfrieds – Geschichten von Leo und Paulina« endet mit der Geburt von Paulina. Davor erzähle ich von den ersten drei Jahren mit Leo; von den innigen Momenten mit dem Neugeborenen, unseren Ringkämpfen in der Trotzphase, vom Tanz um den Topf und meinem Versuch, Vitamine in Junk food zu schmuggeln. Ich erinnere mich an meine Gefühle, als sich Paulina ankündigte, und an Leos Reaktion, der sich auf Nachfrage weder Brüderchen noch Schwesterchen, sondern »Gummibärchen« wünschte.

Die zahlreichen Briefe und Reaktionen von Lesern auf die Erlebnisse mit meinen Kindern haben mich riesig gefreut und mir gezeigt, dass die Lektüre für viele offenbar unterhaltsam, nützlich oder sogar beides war. Es ist eben einfach schön, festzustellen, dass man mit seinen Erfahrungen nicht alleine ist.

Jetzt also »Neues von den StörenFrieds«!
Ich werfe einen Blick zurück auf die ersten Lebenswochen von Paulina und Leos Versuche, sie wieder loszuwerden.
Ich erzähle Ihnen, warum die meisten Eltern schwerhörig sind und welche Vorteile ein hässliches Sofa hat.
Sie erfahren, wie ein ganz normaler Sonntag bei uns aussieht, warum ich Kindergeburtstage hasse, aber doch feiere, und wie man eine Urlaubsreise mit zwei kleinen Kindern übersteht.
Wenn Sie selbst Kinder haben, wird Ihnen vieles bekannt vorkommen, wenn Sie noch keine haben, werden Sie erfahren, was auf Sie zukommt. In jedem Fall werden Sie am Schluss des Buches eine Menge über die »StörenFrieds« und ihre Eltern wissen und hoffentlich ein paar vergnügliche Lesestunden hinter sich haben!

Das wünschen Ihnen jedenfalls
Amelie Fried und die »StörenFrieds«

Ein ganz normaler Sonntag

Ich freue mich immer so auf den Sonntag! Auf ein gemütliches Frühstück mit meiner Familie, auf einen schönen Spaziergang, auf Kaffee und Kuchen am Nachmittag. Am allermeisten aber freue ich mich aufs Ausschlafen! Und so sah unser letzter Sonntag aus:

6.30 Uhr. Leo schreit: »Will aufstehen!« Paulina schreit: »Ichahauch!« Ich ziehe mir die Bettdecke über den Kopf und stelle mich tot.

7.00 Uhr. Ein ohrenbetäubendes Rumsen lässt mich hochschrecken, ich schieße aus dem Bett und rase ins Kinderzimmer. Paulina liegt unter einer Lawine aus Bilderbüchern begraben und brüllt. Ich befreie das Kind und staple die Bücher ins Regal. Mein Mann schläft ungerührt weiter.

7.30 Uhr. Nach fünf Minuten ist das Frühstück beendet. Zwischen angebissenen Wurstbroten und halb leeren Tassen bleibe ich alleine am Küchentisch zurück. Nicht mal 'ne Zeitung gibt's am Sonntag. Mein Mann schläft immer noch.

8.00 Uhr. Müdigkeit übermannt mich. Ich schleiche zum Sofa und lege mich ein bisschen hin.

8.15 Uhr. Wütendes Gebrüll reißt mich aus meinem Schlummer.
Leo und Paulina streiten sich um eine Plüschente, die Auseinandersetzung droht handgreiflich zu werden. Ich entwinde beiden das Tier, lege es ganz oben auf den Schrank und schlage einen Spaziergang vor. »Ich will nicht spazieren gehen!«, brüllt Leo. »Ich auch nicht!«, schreit Paulina.

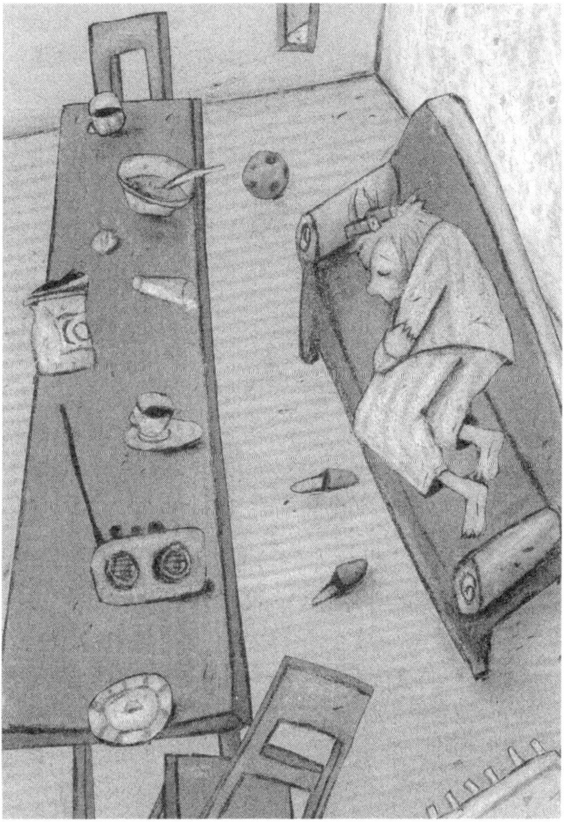

9 Uhr. Mein Mann steht auf. »Wie wär's mit einem Spaziergang?«, wiederhole ich munter meinen Vorschlag. Klar, auch er ist für körperliche Bewegung an der frischen Luft. »Bin zum Joggen verabredet«, brummt er in seine Müslischüssel.

10 Uhr. »Mir ist langweilig«, nörgelt Leo. »Mir ahauch!«, jammert Paulina. Ich telefoniere rum und frage, ob meine Kinder irgendwohin zum Spielen kommen können. Nein, kommen können sie leider nicht (Großputz im Gang, Schwiegermutter im Anmarsch, Windpocken im Haus), aber Schorschi, Maxi, Michi, Beni und Nora kommen gerne zu uns. Wenig später toben sieben Kinder durchs Haus.

10.30 Uhr. Ich backe einen Kuchen. Dann koche ich Mittagessen. Wer sagt denn, dass Hausarbeit nicht auch unheimlich entspannend ist?

12 Uhr. Ich hänge ein bisschen Wäsche auf und beginne, den Bügelberg abzubauen. Als ich aus dem Keller zurück bin, ist der Sonntagskuchen weg. Sieben Kinder wischen sich die Krümel vom Mund.

12.20 Uhr. Vor Schreck habe ich vergessen, den Braten zu übergießen. Beißender Qualm schlägt mir aus dem Topf entgegen. Ich schmeiße den verkohlten Brocken weg und bestelle einen Tisch im Gasthaus.

13 Uhr. Im Gasthaus. Bevor das Essen auf dem Tisch steht, macht Paulina in die Hose. In Ermangelung von Ersatzkleidung packe ich das Kind ins Auto und fahre nach Hause. Im Küchenschrank finde ich eine Dose Brechbohnen und einen Rest Instant-Kartoffelpüree. »Will ein Eis!«, jammert Paulina.

14 Uhr. Paulina schläft. Ich werfe mich ebenfalls ins Bett. Es klingelt Sturm. Ein Bekannter mit Frau und vier Kindern. »Wir sind gerade auf der Durchreise, und da dachten wir …« Erschöpft winke ich die Besucher ins Haus. In Minutenschnelle verputzen sie den Aufschnitt, der für unser Abendessen vorgesehen war. Danach Kindergenörgel: »Gibt's keinen Kuchen?«

16 Uhr. Endlich ist der Besuch weg. Mein Mann verschwindet im Büro, die Kinder spielen wie die Engelchen. Ich schleiche mich ins Schlafzimmer und falle aufseufzend in die Kissen. Martialisches Gebrüll

weckt mich wieder auf. Ich rase in die Küche, finde Leo mit blutüberströmtem Gesicht neben einem umgekippten Stuhl, die Plüschente im Arm. Warum habe ich das unselige Tier nur auf dem Schrank versteckt? Platzwunde an der Schläfe, ich rase mit ihm ins Krankenhaus.

16.30 Uhr. Andere Kinder hatten auch gute Ideen, das Wartezimmer ist proppenvoll. Nach zwei Stunden ist Leo genäht, und ich bin mit den Nerven am Ende.

18.30 Uhr. Wir kommen nach Hause. »Mir is sslecht!«, jammert Paulina. Wenig später kotzt sie aufs Sofa. »Vielleicht hat sie doch zu viel Eis gegessen«, vermutet mein Mann. Ein Blick auf die leergelöffelte Familienpackung erklärt alles.

20.30 Uhr. Die Kinder sind im Bett. Ich auch. Kurz bevor ich in Tiefschlaf falle, höre ich Peters Stimme: »Nächsten Sonntag machen wir's uns richtig gemütlich. Da frühstücken wir in Ruhe, machen einen schönen Spaziergang, und vor allem schlafen wir ganz lange aus!«
Tolle Idee. Ich freu mich schon.

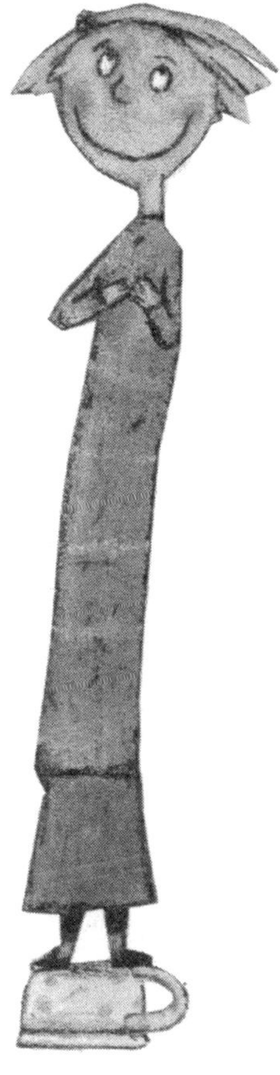

Sauberkeitserziehung

*Paulina (2 1/2) weigert sich standhaft,
ihr großes Geschäft ins Klo zu verrichten.
Obwohl ich nicht besonders ehrgeizig
in Bezug auf die »Sauberkeitserziehung«
bin, nervt es mich schon allmählich,
weil ich sicher bin, dass sie es könnte, wenn
sie wollte. Eines Tages verkündet sie:
»Jetzt bin ich groß!« Ich darauf: »Dann
könntest du ja allmählich aufs Klo gehen.
Warum willst du eigentlich nicht?«
Paulina denkt kurz nach. Dann erklärt sie:
»Weil ich noch klein bin.«*

Geschwister-Hiebe

Wenn ich meine Kinder heute so sehe, kann ich mir kaum noch vorstellen, wie dramatisch die ersten Monate nach Paulinas Geburt waren. Dabei fing es ganz harmlos an:

Leos Reaktion auf die Ankunft seiner kleinen Schwester ließ uns zunächst aufatmen. Keine der erwarteten Katastrophen trat ein, stattdessen beobachtete er neugierig das Baby und den ganzen Trubel, der darum stattfand. Mal schmachtete er zärtlich: »Ich will Paulina küssen!«, dann motzte er: »Scheißpaulina, blödes Baby.« Natürlich war er eifersüchtig, unternahm allerhand Störmanöver gegen das Stillen, aber es erschien uns im Rahmen.

Anstandslos ging er acht Wochen nach Paulinas Geburt zum ersten Mal in den Kindergarten. Geschmeichelt ließ er sich als »großer Bruder« feiern und zeigte nichts von dem regressiven Verhalten, das uns prophezeit worden war. Weder machte er nachts wieder ins Bett, noch verlangte er danach, an Busen oder Flasche zu trinken, noch wollte er selbst wieder ein Baby sein. Wir hielten uns für die tollsten Eltern. Es kam eben nur auf die richtige Erziehung an!

Aber wir hatten uns zu früh gefreut.

Als Paulina drei Monate alt war, wurde Leo krank. Ein Infekt jagte den nächsten. Leo ließ keinen Menschen an sich heran außer mir. Papa, Oma, Babysitter – wer sich näherte, wurde mit Gebrüll zum Teufel gejagt: »Die Mama soll kommen!« Ich durfte kaum aus dem Zimmer gehen, sofort fing er jämmerlich zu weinen an. Ich verbrachte über Wochen die meiste Zeit an Leos Krankenbett. Das arme Baby musste sich mit der Minimalversorgung zufrieden geben.

Das alles war natürlich kein Zufall. Leo hatte diesen Weg gewählt, um endlich wieder zu kriegen, was er schon verloren geglaubt hatte: Mamas totale Zuwendung. Seine Selbstkontrolle hatte eine ganze Weile gut funktioniert. Er hatte den großen Jungen gespielt, dem so ein lächerliches Baby nichts anhaben kann. Schließlich war es das, was offenbar alle von ihm erwarteten. Mit der Krankheit fiel die Fassade ab, und es zeigte sich, was er in Wirklichkeit war: ein zutiefst verängstigtes, verunsichertes, verzweifeltes Kind.

Plötzlich brach die Eifersucht auf Paulina voll durch. Hatte er sie bisher mal geknufft, um sich anschließend scheinheilig zu entschuldigen (»Tut mir Leid, Paulina, das wollte ich nicht!«), so versuchte er jetzt voller Hass, auf mich oder Paulina einzuschlagen. Manchmal weinte er bei ihrem Anblick so furchtbar, dass ich am liebsten mitgeheult hätte. Es war, als würde er plötzlich begreifen, dass dieses Baby nie mehr verschwinden und er Papa und Mama nie mehr für sich haben würde. Ein unbeschreiblicher Schmerz beutelte den kleinen Kerl, und in manchen Momenten wünschte ich, wir hätten ihm das nicht angetan.

Als Mutter kam ich in ein schreckliches Dilemma. Einerseits litt ich mit Leo, andererseits musste ich Paulina vor seinen Attacken schützen. Immer wieder musste ich ihn wegschieben, wenn er mich beim Stillen störte. Das empfand er natürlich als Zurückweisung und Bestätigung für seine Ängste. Es kam so weit, dass ich ein schlechtes Gewissen hatte, wenn ich mich überhaupt um Paulina kümmerte. Ich wollte Leo doch nicht wehtun!

Ich versuchte, ihm die Konfrontation zu ersparen, und schlich mich zum Stillen und Wickeln in ein anderes Zimmer. Aber das merkte er schnell und fühlte sich erst recht ausgeschlossen. Fortan ließ er mich nicht mehr aus den Augen und folgte mir auf Schritt und Tritt.

Wie ein eifersüchtiger Liebhaber litt er einerseits unter dem Anblick, andererseits musste er die Kontrolle über die Situation behalten. Ich sehnte mich nach den Abendstunden, in denen ich mich ohne Schuldgefühle meiner Tochter widmen konnte.
Wir waren also doch nicht die tollsten Eltern. Was machten wir falsch? In vielen Gesprächen versuchten mein Mann und ich, uns Strategien zu überlegen. Sollte sich Peter mehr um Leo kümmern? Leicht gesagt, wenn der immer nach mir verlangte. Wie konnte ich Leo mehr einbeziehen und teilhaben lassen? Wenn ich ihn bat, mir was zu bringen, pfefferte er es mir vor die Füße. Wenn ich ihn aufforderte, auf Paulina »aufzupassen«, begann er umgehend, sie zu malträtieren. Er wollte weder mein Helfer sein noch der vernünftige Bruder. Er wollte schlicht und einfach den Platz auf meinem Schoß zurückerobern – und sei es mit Gewalt. Sobald ich Paulina zum Stillen anlegte, meinte Leo: »Ich glaub, die hat keinen Hunger.« Wenn ich sie umhertrug, schlug er vor: »Leg sie doch in die Wippe.« Und wenn sie schrie, kommentierte er trocken: »Die will jetzt schreien!« Wenn alles nichts half, bewaffnete er sich mit einer Holzschiene oder einem Baustein und begann, in der Nähe ihres Kopfes herumzufuchteln.

Wenn ich ihm die Gegenstände entwunden hatte, versuchte er, ihr in einem unbeobachteten Moment die Finger umzubiegen oder sie zu kneifen. Sobald sie anfing zu plärren, schoss ich natürlich wie von der Tarantel gestochen auf ihn zu und fauchte: »Was hast du wieder gemacht?« Das provozierte ihn zu weiteren Attacken, und so schaukelten wir uns gegenseitig immer weiter hoch. Je aggressiver er wurde, desto mehr schimpfte ich mit ihm, je mehr ich schimpfte, desto aggressiver wurde er. Leo war todunglücklich – und ich war es auch. Das konnte einfach nicht der richtige Weg sein.
Wir versuchten es mit Ablenkung. Sobald ich merkte, dass Leo was im Schilde führte, erzählte ich ihm, dass die Oma bald käme, fragte nach dem Kindergarten oder schickte ihn, sich ein Buch zum Vorlesen rauszusuchen. Meist glückte es mir auf diese Weise, ihn von seinem Vorhaben abzubringen. Wenn Peter da war, schlug er Leo ein Spiel vor oder forderte ihn auf, ihm beim Reparieren der Badezimmertüre zu helfen. Stolz trug Leo seinem Papa dann den Schraubenzieher hinterher und vergaß, dass er eigentlich seine Schwester quälen wollte.
Ein weiteres Prinzip im Umgang mit dem liebeskran-

ken Leo war, Aggression nicht mit Aggression zu beantworten. Die einzige Chance, eine Eskalation zu verhindern, bestand darin, ihm mit bedingungsloser Liebe zu begegnen. Dass er so um sich schlug, war ja ein Zeichen von Angst. Angst, unsere Liebe zu verlieren. Diese Angst konnten wir ihm nur nehmen, indem wir ihm zeigten, dass wir ihn auch liebten, wenn er böse war. Was nicht hieß, dass wir ihn einfach gewähren ließen. Natürlich machten wir ihm klar, dass das Baby

nicht gehauen wird. Aber er sollte spüren, dass selbst die schlimmste Provokation seinerseits nicht dazu führte, dass er verstoßen wurde.
Leo versuchte auf die verschiedenste Weise, sich unser zu versichern. Sobald ich in meinem Arbeitszimmer saß, spazierte er unter einem Vorwand hinein, um meine Anwesenheit zu kontrollieren. Oft weinte er nachts nach mir, beruhigte sich aber sofort, wenn er sah, dass ich da war. Eine neue Masche war auch, dass er abends im Bett anfing: »Ich hab Hunger. Ich will was essen.« Wir erklärten ihm lang und breit, dass er beim Abendessen genug gegessen habe, dass er schon die Zähne geputzt habe und dass im Bett nicht gegessen werde. Er machte eine Riesenszene, schrie und warf sich herum, bis er schweißgebadet war. Schließlich schluchzte er: »Dann will ich i r g e n d w a s haben!« Dieses »irgendwas« war einfach »Liebe« und sein angeblicher Hunger buchstäblich Hunger nach Zuwendung. Nicht zufällig passierte diese Szene immer dann, wenn er mich mit Paulina ins Schlafzimmer hatte gehen sehen.
Ich verstand allmählich, dass nicht nur die »kleine« Paulina schutzbedürftig war, sondern auch der »große« Leo. Bis vor kurzem war er ja noch mein »Kleiner«,

und plötzlich sollte er verzichten, vernünftig sein und Rücksicht nehmen – das musste ihn einfach überfordern. Natürlich brauchte er mich nach wie vor, in dieser Situation sogar mehr als vorher. Das musste ich mir immer wieder klar machen, um trotz allem Ärger weiterhin liebevoll mit ihm umgehen zu können. Denn natürlich brachte er mich mit seinem Gebrüll auf die Palme, und mehr als einmal habe ich zurückgebrüllt. Bis ich kapiert hatte, dass es keinen Sinn hat, auf seine Provokationen einzusteigen. Viel wirkungsvoller war es, ihn viel zu loben und seine Leistungen hervorzuheben, besonders dem »dummen« Baby gegenüber, das all die Sachen noch nicht konnte: »Schau, Paulina, was der Leo für einen Super-Turm gebaut hat!«
Als Paulina ungefähr ein halbes Jahr alt war, entspannte sich die Situation allmählich. Leo begann, Paulina als sein Publikum zu begreifen. Er rückte ihre Wippe zurecht, sodass sie gut sehen konnte, er sang ihr was vor, zeigte ihr seine Bilderbücher oder machte Faxen. Paulina lachte und gluckste bereitwillig dazu und himmelte ihren großen Bruder an, was der großartig fand. Einmal belauschte ich, wie er sie ins Vertrauen zog: »Weißt du, Paulina, ich hab mit der Mama gestritten, weil ich nicht aufräumen wollte.«

Sicher wird es immer wieder Phasen von Eifersucht bei beiden geben. Aber gleichzeitig wird die Liebe zwischen den Geschwistern wachsen. Wie meinte Leo irgendwann beim Gute-Nacht-Sagen: »Mama, ich bin so froh, dass wir ein Baby gekriegt haben!«

Logisch

Paulina (knapp 3) besteht darauf sich selbst anzuziehen.
Einmal verheddert sie sich in ihrem Pullover
und findet nicht mehr raus. Man hört sie schimpfen:
»Wo ist denn der Kopfärmel?«

Warum schreist du denn so?

Es beginnt mit dem Schrei des Neugeborenen und endet frühestens mit der ohrenbetäubenden Abschiedsparty, die der Nachwuchs feiert, wenn er, flügge geworden, sein Elternhaus verlässt. Dazwischen liegen achtzehn bis zwanzig dezibelintensive Jahre, in denen wir Erwachsene darum kämpfen müssen, uns Gehör zu verschaffen.
Kinder machen Lärm, und zwar fast ununterbrochen und in den verschiedensten Tonhöhen und -stärken. Den ersten zarten Laut des neuen Erdenbürgers begrüßen wir noch mit Freude, Rührung und Erleichte-

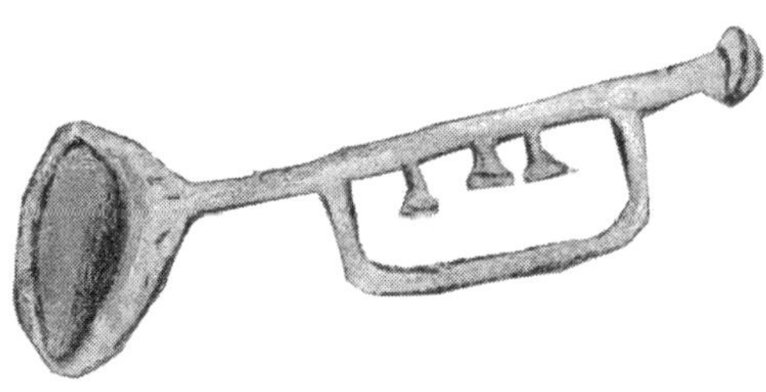

rung. Schon nach ein paar Nächten kann uns das stärker werdende Gebrüll aber ganz nett strapazieren, und wir wünschen uns insgeheim ein Paar schöne, undurchdringliche Ohrstöpsel. Dieser Wunsch wird uns die nächsten Jahre begleiten, denn das Lärmrepertoire unserer Kleinen ist unerschöpflich.

Schon das Krabbelkind verfügt außer über sein eigenes Organ auch über die Fähigkeit, einen Kochtopf mit einem Löffel zu bearbeiten, was einen eindrucksvollen, metallischen Klang hervorruft. Eigentlich ist es dem Kind selbst zu laut, was man daran erkennt, dass es bei jedem Schlag erschreckt die Augen zusammenkneift. Trotzdem findet es den selbst produzierten Krach so faszinierend, dass es diese Tätigkeit stundenlang fortsetzen kann.

Das Zweijährige ist dank größerer Körperkräfte bereits in der Lage, zwei Topfdeckel scheppernd gegeneinander zu hauen. Hier ist bei vergleichbar geringem Aufwand ein noch überzeugenderes Ergebnis zu erzielen. An der Perfektionierung dieser Methode wird mit großem Eifer gearbeitet; so hat man schon Kleinkinder mit Topfdeckeln an Händen u n d Füßen gesehen, die annähernd die Fonstärke einer Bayerischen Trachtenkapelle produzieren. Spätestens im Kindergartenalter hat jedes Kind von einem bösartigen Verwandten den ersten Kassettenrecorder geschenkt gekriegt und stellt nun elektronisch verstärkten Lärm her. Die einzige Eingriffsmöglichkeit für gequälte Eltern besteht darin, für eine erträgliche Kassettenauswahl zu sorgen. Kinder haben nicht das geringste Problem, monatelang die gleiche Kassette von »Benjamin Blümchen« zu hören. Für einen Erwachsenen grenzt das aber an Folter, und es mehren sich die Fälle, in denen Betreuungspersonen mit einschlägigen Symptomen in der psychiatrischen Notaufnahme landen.

Sobald sich bei einem Kind eine gewisse musikalische Begabung abzeichnet, installieren viele Eltern durch die Finanzierung von Musikstunden leichtsinnigerweise eine weitere Lärmquelle im Haus: das so genannte »Üben«. Wer einmal gehört hat, wie eine Siebenjährige nach vier Geigenstunden »Lasst uns froh und munter

sein« intoniert, bewundert den Todesmut ihrer Erzeuger.
Aber auch andere Instrumente sind geeignet, schwelende Ehekrisen zu beschleunigen und zur vorzeitigen Scheidung beizutragen. Kaum jemand, der nicht hochgradig schwerhörig ist, erträgt auf Dauer den Klang von malträtierten Blasinstrumenten oder einem im schlecht isolierten Partykeller aufgebauten Schlagzeug, ohne Aggressionen gegen seinen Nächsten zu entwickeln.

Die meisten Kinder brauchen aber gar keine Hilfsmittel, um Lärm zu erzeugen. Sie verfügen über außerordentlich leistungsfähige Stimmbänder und einen – angesichts ihrer geringen Größe – erstaunlichen Resonanzboden. Die wenigsten Kinder können in Zimmerlautstärke sprechen. Fast immer schreien sie, und in der Regel wiederholen sie das Geschrieene mehrmals. Weil Erwachsene von dem Geschrei genervt sind, schreien sie irgendwann zurück, wodurch die Kleinen sich aufgefordert fühlen, ihrerseits die Lautstärke hochzudrehen. So herrscht in den meisten Haushalten mit Kindern ein Lärmpegel, der dem einer Großbaustelle vergleichbar ist und bei kinderlosen Besuchern nach kürzester Zeit einen heftigen Fluchtreflex auslöst.

Beim Vorhandensein mehrerer Kinder addiert sich Lärm übrigens nicht, sondern er potenziert sich. Das liegt daran, dass jedes Kind sich gegen die bereits vorhandenen akustisch durchsetzen muss. Wenn zwei Geschwister einen Streit ausfechten, was pro Tag zwischen zehn- und fünfzehn Mal der Fall ist, gleicht die Dezibel-Belastung ungefähr der eines startenden Rennwagens. Bei drei und mehr Kindern steigert sich

der Lärm über »Hubschrauber« bis »Düsenflugzeug«. Kein Wunder, dass Eltern die Fähigkeit der akustischen Selektion erlernen, um diesen Wahnsinn zu überleben. Einigermaßen trainierte Eltern können entspannt am Kaffeetisch sitzen und plaudern, während drei bis fünf Kleinkinder brüllend um den Tisch herumtoben. Sie blenden den Lärm einfach aus, solange er die Normalfrequenz hat. Sobald ein Kind seine Frequenz ändert, weil es beim Toben gegen die Tischkante geknallt ist, klinkt sich der verantwortliche Erwachsene aus dem Gespräch aus und versucht, durch beruhigendes Zureden schnellstmöglich wieder die Normalfrequenz herzustellen. Die Gewöhnung von Eltern an den kindlichen Lärm geht so weit, dass sie sofort von höchstem Misstrauen erfasst werden, wenn ein Kind einmal über einen längeren Zeitraum keine Geräusche von sich gibt. Umgehend wird nachgeforscht, wodurch die ungewohnte Stille hervorgerufen wird, und in der Regel stellt sich heraus, dass das Kind gerade Mutters Abendkleid zerschneidet oder den Hund mit Ölfarbe bemalt.

Die akustische Selektionsfähigkeit ist übrigens bei Müttern stärker ausgeprägt als bei Vätern. Dies zeigt sich insbesondere nachts, wenn Väter über sämtliche Lärmquellen wie knallende Autotüren, klingelnde Telefone und schreiende Kinder hinwegpennen. Mütter hingegen überhören knallende Autotüren und klingelnde Telefone, schießen aber senkrecht aus dem Bett, wenn zwei Zimmer weiter ein Kind im Schlaf leise maunzt. Diese Überempfindlichkeit führt dazu, dass die meisten Mütter nie mehr gut schlafen, denn sobald die Kinder nachts k e i n e Geräusche mehr machen, ist auch das ein Grund zur Beunruhigung: Dann treiben sie sich in der Disco rum.

Die akustische Sensibilität bezieht sich übrigens nur auf die eigene Brut; wenn fremde Babys, die nicht in ihrer Obhut sind, schreien, lehnen sich Mütter und Väter nach einer kurzen Schrecksekunde entspannt zurück – ein Segen, es geht sie nichts an!

Proportional mit der Ausdifferenzierung des Hörvermögens von Erwachsenen lässt das der Kinder nach. Bis zu zwanzig Mal wiederholte Aufforderungen wie »Zieh dich bitte an!«, »Hör auf, deine Schwester zu ärgern!« oder »Räum bitte dein Zimmer auf!«, verhallen ungehört. Es erscheint einem unbegreiflich, mit welcher Hartnäckigkeit Kinder ihre Ohren auf Durchzug stellen können. Plötzliche elterliche Wutausbrüche wer-

den denn auch völlig verständnislos aufgenommen: »Warum schreist du denn so?«
Das, liebe Kinder, würden wir auch von euch gerne wissen!

Heiteres Beruferaten

Leo (5 1/2) und Paulina (2 1/2) sind mit ihrem Papa im Schwimmbad und spielen »Bootfahren«.

Leo: »Ich bin der Kapitän!«

Paulina: »Ich auch!«

Peter: »Dann seid ihr Kapitän und Ko-Kapitän.«

Paulina: »Ich bin der Kacka-pitän!«

Vorsicht!

Das Sprichwort sagt: »Mut ist nur ein Mangel an Fantasie!« Im Klartext: Wer scheinbar mutig ist, ist nur zu blöd, die Gefahr zu sehen. Ich halte mich nicht für besonders mutig und sehe nur allzu gut die Gefahren, die im Alltag drohen. Vor allem die, die meine Kinder betreffen. Ständig gilt es, abzuwägen, wie viel Vorsicht sein muss und ab welchem Punkt ich meine Kinder einenge.

Es beginnt schon im Babyalter: Wie lange kann ich den Kinderwagen vor dem Supermarkt stehen lassen, ohne zu riskieren, dass eine Verrückte mein Kind entführt? Oder spielende Kinder einen Fußball in den Wagen kicken? Oder eine verschnupfte Oma ihre Grippeviren reinbläst (»Du, du, du bist aber ein süßes Butzi!«)?

Kann ich Paulina (5 Monate) mit Leo (3 1/2) allein lassen, während ich die Wäsche aufhänge, oder versucht er wieder, sie über den Holzboden in sein Spielhaus zu schleifen? Kann er schon alleine auf dem Balkon spielen, oder kommt er vielleicht doch auf die Idee, über die Brüstung zu klettern?

Einerseits will ich meine Kinder zu selbstständigen Persönlichkeiten erziehen, andererseits muss ich sie beschützen, solange sie nicht in der Lage sind, Gefahren selbst einzuschätzen. Nur, wann sind sie das? Leo hat zunehmend den Wunsch, etwas allein zu machen. Wenn sich die Straße gabelt, will er, dass wir uns trennen und nach 300 Metern wieder treffen. Oder er will, wie seine gleichaltrige Freundin Nora, alleine zum Bäcker spazieren und sich ein Eis kaufen. Natürlich weiß er, dass er auf dem Gehweg gehen muss. Was aber passiert, wenn er auf der anderen Straßenseite einen Freund entdeckt? Schaut er wirklich erst, ob ein Auto kommt, bevor er losläuft?

Nicht nur im Straßenverkehr lauern Gefahren. Seit ich selbst Kinder habe, verfolgt mich nichts mehr als die entsetzlichen Berichte über Kinder, die Opfer irgendeines Wahnsinnigen geworden sind. Bis in meine Träume hinein quält mich die Vorstellung, was diesen Kindern angetan wurde und wie unendlich das Leid für ihre Eltern sein muss. Mag sein, dass die Wahrscheinlichkeit eines Verbrechens gering ist, aber das vermag mich kaum zu beruhigen. Ich möchte einfach alles tun, um so etwas zu verhindern. Ein zwei- oder dreijähriges Kind kann in der Regel ständig beaufsichtigt

werden, ein älteres Kind kann man nicht mehr auf Schritt und Tritt bewachen. Wie ich mit dieser Angst umgehen soll, weiß ich überhaupt nicht.
Aber meist drohen ja viel alltäglichere Gefahren, wobei da längst nicht alle Mütter das gleiche Empfinden haben. Immer wieder wundere ich mich, mit welcher Lässigkeit manche Mutter zuschaut, wie ihr Zweijähriger auf einer Baustelle rumturnt oder halsbrecherische Abfahrten mit dem Bobbycar unternimmt. Meistens passiert ja tatsächlich nichts, und dann frage ich mich wieder, ob ich nicht doch überängstlich bin. Zumal es ja leider wahr ist, dass Kinder bestimmte Erfahrungen selbst machen müssen.
Ich erinnere mich gut an einen Moment mit dem damals anderthalbjährigen Leo, der einen abschüssigen Weg runterlief und offensichtlich nicht mehr bremsen konnte. Mir war klar, dass er gleich auf der Nase liegen würde, und ich wollte losspurten, um ihn aufzufangen. Peter hielt mich zurück: »Du kannst ihn nicht vor allen schmerzhaften Erfahrungen bewahren. Wie soll er es denn lernen?« Und so sah ich den Tränen nahe zu, wie der kleine Kerl immer schneller wurde, prompt über seine Beine stolperte und hinfiel. Er weinte natürlich furchtbar, und ich war sauer auf Peter. Irgendwie sah

ich aber auch ein, dass er Recht hatte. Ein Kind lernt halt nicht laufen, ohne mal hinzufallen. Das muss man als Mutter aushalten lernen. Die Kunst ist, den Moment zu erspüren, wo es wirklich gefährlich wird. Da muss man eingreifen. Nur, das erfordert fast übersinnliche Fähigkeiten, und wer hat die schon?

Kaum ein Thema sorgt für so viel Konfliktstoff zwischen Eltern wie die Frage, wie viel Vorsicht angemessen ist. Ohne Rollenklischees Vorschub leisten zu wollen: Meine Erfahrung ist, dass Mütter grundsätzlich zu mehr Vorsicht neigen als Väter. Mütter haben einen feineren Instinkt für drohende Gefahr und greifen deshalb früher ein. Väter verhalten sich in der Regel. weniger vorausschauend, lassen die Dinge mehr auf sich zukommen. Mütter halten ihre Männer deshalb gerne für leichtsinnig, Väter ihre Frauen für hysterisch. Diese Auffassungsunterschiede führen auch zwischen Peter und mir immer wieder zu erbitterten Auseinandersetzungen. Vielleicht den schlimmsten Streit unserer Ehe hatten wir, als ich während eines Abendessens im Restaurant mehrfach vor die Tür ging, um nach Leo zu schauen, der im Garten des Restaurants (er war an diesem Abend nicht besetzt) spielte. Ich hatte panische Angst, irgendein Triebtäter könnte aus der Dunkelheit treten und sich den kleinen Buben packen. Peter fand meine Angst völlig übersteigert und warf mir vor, ich würde das Kind mit meiner neurotischen Fürsorge schädigen. Er konnte sich nicht vorstellen, dass mütterliche Sorge so übermächtig sein kann, dass man ihr mit rationalen Argumenten schwer begegnen kann. Nach langer Diskussion einigten wir uns darauf, dass ich meinem Beschützerinstinkt nachgeben solle, aber ohne Leo meine Sorge ständig spüren zu lassen. Ich sollte also – wie in besagtem Restaurant – nach ihm sehen, aber möglichst, ohne von ihm gesehen zu werden.

Vielleicht hat dieses Ringen um den richtigen Weg auch sein Gutes. Für ein Kind ist es sicher sinnvoll, wenn ein Elternteil lässiger und einer vorsichtiger ist. So macht es beide Erfahrungen: die, beschützt zu sein, und die, was ausprobieren zu können. In diesem Wechselspiel kann es Schritt für Schritt seine Selbstständigkeit entwickeln.

Seit ich mir das klar gemacht habe, kann ich besser akzeptieren, dass Peter seine Art hat, mit Gefahr umzugehen, und ich meine. Ich versuche – auch wenn's mir manchmal schwer fällt – ihm dabei nicht reinzureden.

Je größer Kinder werden, desto leichter kann man ihnen Gefahren erklären und sie den Umgang damit üben lassen. Und immer wieder merke ich: Je mehr ich Leo zutraue, desto mehr kann er. Als er kürzlich darauf bestand, mir beim Kartoffelschälen zu helfen, war mir Angst und Bange. Im Geiste sah ich, wie er sich in die Pulsadern schneidet und ich ihn verblutend ins

Krankenhaus bringe. Trotzdem ließ ich ihn machen. Als ich merkte, wie geschickt er sich anstellte, staunte ich nicht schlecht. Woher er das könne, wollte ich wissen. »Das hab ich im Kindergarten doch schon tausend Mal gemacht!«, klärte er mich auf.

Leidenschaft

Es ist Weihnachtszeit, auf dem Tisch steht ein Teller mit Weihnachtsplätzchen. Paulina (2 1/2) reckt sich, versucht über die Tischkante zu sehen und fragt:

»Hammer noch einen Liebkuchen?«

Happy Birthday

Ich hasse Kindergeburtstage. Ich weiß, das darf man nicht mal denken, geschweige denn sagen, aber ich stehe dazu. Es geht ja gerade noch, wenn meine Kinder irgendwo eingeladen sind. Dann habe ich vorher nur den Stress mit dem Geschenk und hinterher den Ärger mit den überfressenen Bälgern. Aber ein Kindergeburtstag in den eigenen vier Wänden, das geht schon hart an die Grenzen des Erträglichen! Schon Wochen vorher wird diskutiert, wie viele Kinder eingeladen werden. Leo und Paulina haben viele Freunde, Acht bis zehn werden es deshalb mindestens. Leider gibt es dann immer noch welche, die eigentlich damit gerechnet hatten, eingeladen zu werden, zumal ja auch Leo bei ihrem Geburtstag eingeladen war und überhaupt … ich habe also jedes Mal ein schlechtes Gewissen den enttäuschten Kindern gegenüber.

Wenn die Einladungsliste glücklich steht, muss Einigung über die kulinarische Gestaltung des Nachmittags erzielt werden. Das Geburtstagskind plädiert für Schokoladenkuchen, Eis, Gummibärchen und Wienerle, während meine Vorstellungen mehr in Richtung Vollkornkuchen, Milchshake, Obst und Nudel-Gemüse-Salat gehen – wofür stapeln sich bei mir Bücher mit Titeln wie »Kinderfeste – lustig und gesund!«?

Dem schlagenden Argument »Es ist schließlich mein Geburtstag!« kann ich mich aber doch nicht widersetzen, und so besorge ich den gewünschten Junk – mit schlechtem Gewissen, diesmal den anderen Eltern gegenüber. Der eigentliche Stress aber ist das Unterhaltungsprogramm. In unserem Dorf finden ständig Geburtstagspartys statt, und die kleinen Gäste sind entsprechend verwöhnt. Mit Blindekuh und Topfschlagen kann man sie nicht mehr vom Hocker reißen, und so überbieten sich die Mütter gegenseitig mit originellen Tischdekorationen und ausgefallenen Spielen. Ziemlich sensationell war der eigens engagierte Zauberer, der Tiere aus Tüchern und Gummibärchen aus Hüten hervorzaubern konnte. Einige Furore machten auch die hirsegefüllten Luftballons, die man bemalen und wie Knetmasse formen konnte. Der Renner ist aber derzeit die »Schatzsuche«, für die in mühsamer Vorbereitungsarbeit eine Karte gezeichnet und lustige Aufgaben für die Teilnehmer erdacht werden müssen. Natürlich muss auch ein Schatz versteckt werden, und zwar einer, der sich gerecht unter den Geburtstagsgästen aufteilen lässt, weil sonst Mord und Totschlag vorprogrammiert sind.

Überhaupt sind lautstarke Auseinandersetzungen und Handgreiflichkeiten bei Geburtstagspartys an der Tagesordnung. Die gespannten Erwartungen und die Aufregung müssen sich entladen, und so kracht's immer mal wieder zwischen den Festgästen. Am aufregendsten ist das Fest natürlich für das Geburtstagskind selbst. Nicht selten klappen die kleinen Jubilare als Erste zusammen, kriegen einen Wut- oder Heulanfall oder ziehen sich, wie Leos Freund Ruben, nach der Hälfte der Party ins Bett zurück und schlafen.

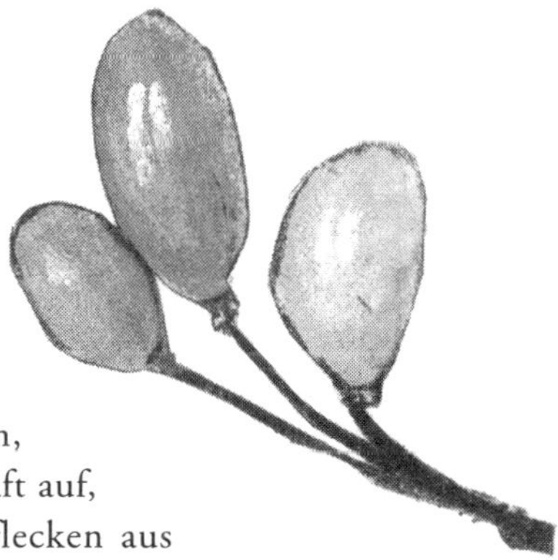

Mit oder ohne Geburtstagskind – man schlichtet Streitereien, wischt umgekippten Saft auf, entfernt Schokoladenflecken aus Sonntagskleidern, trocknet Tränen und wischt Popos

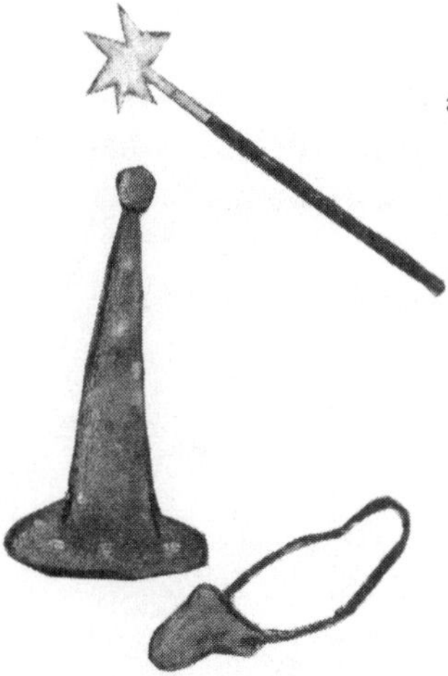

ab. Zwischendurch gibt man sich alle Mühe, die kleinen Gäste mit »Armer schwarzer Kater«, »Würstelschnappen« und Kasperletheater bei Laune zu halten. Ich freue mich schon, wenn meine Kinder in das Alter kommen, wo ein schalldichter Keller und ein Stapel CDs zum Partyglück ausreichen. Es sind ja nur noch zehn Jahre …

Kinder unter vier kommen meistens in Begleitung der Eltern, weil sie sich noch nicht trauen, alleine in einer fremden Wohnung zu bleiben. Dann rennt man zwischen zwei Gästerunden hin und her, serviert hier Kuchen und Saft, dort Sekt und Häppchen und versucht, zwischen »Faulei« und »Die Reise nach Jerusalem« ein paar geistreiche Bemerkungen ins Erwachsenengespräch einzustreuen.

Ein weiterer Stressfaktor sind die kleinen Präsente, die nach jedem erfolgreich absolvierten Spiel verteilt werden. Es muss ja immer was Neues sein, und dabei gilt es auch noch, die unterschiedlichen Interessen von

Jungen (Fahrzeuge, Waffen, Aufkleber) und Mädchen (Schmuck, Puppenzubehör, Haarspangen) zu beachten sowie für unbedingte Gerechtigkeit bei der Aufteilung zu sorgen, sonst: siehe oben.
Eine gewisse Erleichterung stellt es dar, wenn Kinder im Sommer Geburtstag haben und man draußen feiern kann. Dann stellt man einfach eine Kühltasche mit zwanzig »Magnums« und ein Planschbecken auf, und

schon sind die kleinen Partylöwen wunschlos glücklich. Leos Geburtstag ist zwar Anfang Juni, was zu den schönsten Erwartungen berechtigt; leider wissen wir aber inzwischen, dass die ersten Junitage eine sehr regenreiche Zeit sind. Bessere Chancen auf Gartenpartys hat da Paulina, deren Wiegenfest Mitte Juli liegt. Sollten Sie die Zeugung eines Kindes erwägen, dann versuchen Sie's am besten im November. Wenn Sie Glück haben, wird Ihr Kind im Ferienmonat August geboren, wenn alle anderen Kinder verreist sind. Dann bleiben Ihnen Kindergeburtstage komplett erspart!
P.S. Damit Sie nicht denken, ich sei eine gar zu garstige Rabenmutter: In diesem Jahr habe ich meine Abneigung gegen Kinderfeste sogar drei Mal überwunden und zu den zwei Geburtstagsfeiern noch einen Kinderfasching veranstaltet!

Vorlieben

Paulina (2 1/2) isst leidenschaftlich gerne Bananen.
Nachdem sie gerade drei verdrückt hat, will sie noch eine.
Ich: »Jetzt ist Schluss.«
Paulina: »Ich will aber eine Banane!«
Ich: »Das wird zu viel, du kriegst Bauchweh!«
Paulina: »Ich will aber eine Banane!«
Ich: »Ich habe dir gerade erklärt,
dass du davon Bauchweh kriegst!«
Paulina: »Ich will aber Bauchweh!«

Eine Liebe fürs Leben

Pauli! Paulii!«, schallt Leos Stimme durchs Haus. Paulina (1) strahlt, als Leo (4) in die Küche stürmt. Er schmeißt sich neben sie auf den Boden, und die beiden krabbeln um die Wette.

Was für eine Idylle! Und das nach diesen Monaten der entsetzlichsten Eifersucht, die Leo bald umgebracht hätte (siehe »Geschwister-Hiebe«).

Inzwischen ist eine richtige Liebe daraus geworden: Als wir neulich von einem Ausflug zurückkamen, waren beide im Auto eingeschlafen. Gerührt betrachtete ich meine zwei Zwerge, die nebeneinander in ihren Sitzen lagen und sich bei den Händen hielten.

Ich konnte mir früher nur schwer vorstellen, was ein fast Vierjähriger und ein Baby miteinander anfangen können. Inzwischen weiß ich: Die beiden haben jede Menge Spaß miteinander – auf dem Niveau des Babys. Wenn Paulina mit den Händen auf den Tisch patscht und »dadada« macht, imitiert Leo sie sofort, und dann machen beide »dadada« und amüsieren sich königlich. Gelegentlich spielt sogar die ganze Familie mit. Alle Bewegungen und Geräusche, die Paulina macht, werden dann von uns nachgeahmt, was zu großen Heiterkeitsausbrüchen bei den Beteiligten führt. Paulina hat das Spiel ganz schnell begriffen: Nach jeder Vorlage macht sie eine Pause, um uns die Gelegenheit zum Einsatz zu geben.

Leo hat Paulina voll in sein Leben integriert. Wenn er ein Kasperltheater aufbaut, reserviert er ihr einen Platz. Wenn wir einen Ausflug planen, betont er: »Die Paulina soll mitkommen!« Und neulich teilte er mir mit: »Ich will mal alleine mit meiner Schwester leben, ohne dich und Papa. Ihr könnt uns ja besuchen!«

Zu den größten Attraktionen gehört für beide das gemeinsame Bad. Fürsorglich wäscht Leo Paulina den Rücken und passt auf, dass sie nicht umfällt. Er überlässt ihr großzügig seine Badeente und probiert zwischendurch, wie heftig er spritzen kann, ohne dass sie heult. Paulina blinzelt dann und schnappt nach Luft, weint aber nicht. Anerkennend meint er: »Die ist gar nicht wasserscheu!«

Geradezu ritterliche Instinkte regen sich bei ihm, wenn

seiner Schwester vermeintlich Unrecht geschieht. Es reicht, wenn ich sage: »Mensch, Paulina, jetzt lass mal die Pflanze in Ruhe!« Dann schwillt ihm die Brust, und er weist mich empört zurecht: »Die Paulina ist ein Baby, die darf man nicht schimpfen!«
Natürlich ärgert sich Leo auch manchmal über seine Schwester. Seit sie krabbelt, stört sie seine Kreise, und er gerät in Panik, wenn sie sich zielstrebig einem seiner Bauwerke nähert. Erfreulicherweise versucht er aber nicht, sie wegzuschubsen oder zu hauen, sondern er ruft um Hilfe. Einer von uns Erwachsenen muss das Baby dann von seinem zerstörerischen Plan abbringen. Inzwischen hat er auch begriffen, dass man Paulina mittels eines »Köders« von ihrem Ziel ablenken kann, und so schneidet er ihr den Weg ab, indem er alle möglichen Spielsachen vor ihr aufhäuft. Nur ganz selten bricht die Eifersucht durch und er tut ihr weh. Dabei kommt es mir aber so vor, als sei das mehr eine Art Reflex als eine geplante Aggression. Anders als früher rühmt er sich anschließend auch nicht mehr seiner Schandtat, sondern sie ist ihm eher peinlich.
Es ist wichtig für Leo, dass er sich überlegen fühlen kann in seiner Rolle als »großer Bruder«. Immer wieder heben wir deshalb hervor, was er schon alles kann und

weiß. So stärkt der Vergleich mit Paulina sein Selbstwertgefühl. Wir geben ihm das Gefühl, dass er mit für sie verantwortlich ist. Er weiß genau, worauf man Acht geben muss und was gefährlich für Paulina ist. Inzwischen hat er ein – für sein Alter erstaunliches – Verantwortungsbewusstsein entwickelt. Wenn Paulina auf eine Steckdose zusteuert, kontrolliert er, ob eine Kindersicherung drin ist. Ist sie auf dem Weg zur Treppe, ruft er: »Nein, Pauli, nein!« Neulich übertraf er sich selbst: Paulina inspizierte – von mir unbemerkt – meinen Nachttisch. Als ich ins Zimmer kam, informierte mich Leo: »Ich hab die kleinen Teile weggeräumt, damit sie nichts verschluckt.« Sorgfältig hatte er ein Geldstück und ein paar Knöpfe aus ihrer Reichweite gebracht!

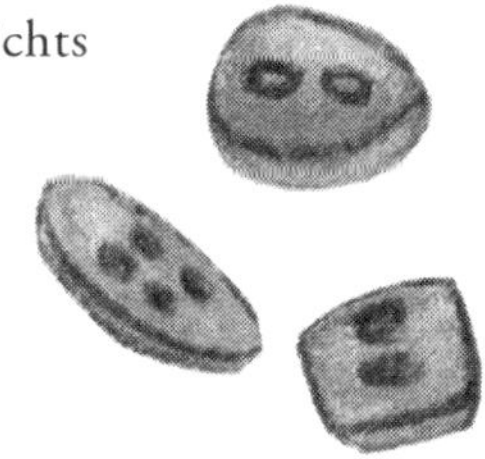

So ist Paulinas Anwesenheit in vielerlei Hinsicht förderlich für Leos Entwicklung und ermöglicht ihm Erfahrungen, die er als Einzelkind nicht machen könnte.

Aber nicht nur Leo profitiert von seiner kleinen Schwester, auch für Paulina ist es toll, dass er da ist. Sie traf auf geübte Eltern mit weniger Ängsten. Sie ist diesen Eltern nicht alleine ausgeliefert, sondern hat einen Bundesgenossen. Und für Unterhaltung ist immer gesorgt: Durch Leo und seine Freunde ist Betrieb in der Bude, was Paulina sehr schätzt. Sie liebt seine Freundinnen, die auch gerne mit ihr spielen und sie spazieren fahren. Die Atmosphäre in unserem Haus ist viel lebendiger und interessanter als zu Leos Babyzeit, als nur wir Erwachsenen da waren. Armer Leo, wie langweilig muss es für ihn gewesen sein! Paulinas Welt war von Anfang an bevölkert, es gab viel mehr zu sehen und zu hören. Deshalb ist sie auch nicht so auf uns Erwachsene fixiert, wie Leo es in ihrem Alter war.

Geschwister lernen täglich voneinander. Paulina schaut zu, wenn Leo etwas baut, und wenig später versucht sie, ihre eigenen Holzklötze aufeinander zu stapeln. Leo studiert aufmerksam, wie sie krabbelt, und fragt dann: »Bin ich als Baby auch gekrabbelt?«, oder »Lernt sie bald laufen?« Paulina vor Augen, begreift er, wie ein Baby sich entwickelt und dass er auch mal so war. Neuerdings interessiert er sich auch sehr für sein Fotoalbum. Stundenlang schaut er die Bilder an und lässt sich von seiner Babyzeit erzählen.

Das Wichtigste aber ist, dass beide die Erfahrung machen, nicht alleine auf der Welt zu sein. Dass sich nicht immer alles um einen selbst drehen kann und dass man Rücksicht nehmen muss. Für Leo war das anfangs nicht leicht. Es nervte ihn ziemlich, wenn er was wollte und es dann hieß: »Bitte warte fünf Minuten, ich muss erst Paulina wickeln!«

Dass man teilen muss, ist auch eine neue Erfahrung für ihn. Es beginnt mit der elterlichen Aufmerksamkeit und endet bei den Schokoladen-Ostereiern – immer ist jemand da, der was abhaben will. Mit Essen ist Leo ziemlich großzügig, aber er ist gar nicht begeistert, wenn Paulina sich für seine Spielsachen interessiert. Kaum nimmt sie eine Holzschiene in die Hand, will er einen Zug bauen, für den er alle, aber auch wirklich alle Schienen braucht! Und dass ich sein abgelegtes Babyspielzeug einfach an Paulina weitergeben wollte, fand er geradezu empörend. Das Argument, er spiele bereits seit zwei Jahren nicht mehr mit Babyrasseln, zog nicht. »Es sind aber meine!«, beharrte er. Nach zähen

Verhandlungen einigten wir uns darauf, dass sich an den Besitzverhältnissen nichts ändert, dass er Paulina die Rasseln aber leihweise zur Verfügung stellt …

Beim Thema Geschwister fallen mir natürlich meine eigenen Brüder ein, die fünf und acht Jahre jünger sind als ich. Auch ich hatte durchaus wechselhafte Gefühle ihnen gegenüber. Als sie aus dem süßen Babyalter rausgewachsen und freche, kleine Rüpel geworden waren, hätte ich sie wahrscheinlich ohne weiteres gegen eine Tüte Eis eingetauscht. Dann gab es eine Phase, in der wir uns nur wenig sahen, weil ich meine Gymnasialzeit überwiegend im Internat verbrachte. Und so war ich eines Tages überrascht, als ich keine kleinen Brüder mehr hatte, sondern große! Nicht nur, dass sie mich um Haupteslänge überragten, nein, sie waren zu richtigen Persönlichkeiten herangereift. Je älter sie wurden, desto besser wurde unser Verhältnis, und heute sind wir die besten Freunde.
Meine Kinder haben das alles noch vor sich. Zeiten, in denen sie sich innig lieben werden; Zeiten, in denen sie sich nicht ausstehen können, und sicher auch welche, in denen sie gemeinsam ihre Eltern bekämpfen werden! Eifersucht, Rivalität und Enttäuschungen ste-

hen ihnen bevor, aber auch jede Menge Spaß und Abenteuer.
Jede Geschwisterbeziehung ist anders, und ganz bestimmt mag man einen Bruder oder eine Schwester nicht deshalb, weil es der Bruder oder die Schwester ist. Aber wenn Geschwister das Glück haben, sich zu mögen, dann ist es das, wovon wir alle träumen: eine Liebe fürs Leben!

Geschlechterbestimmung

Ich frage Paulina (2): »Was bist du,
ein Junge oder ein Mädchen?«
Paulina: »Mädssen.«
Ich: »Und was ist die Mama?«
Paulina: »Frau.«
Ich: »Und der Papa?«
Paulina: »Mann.«
Ich: » Und der Leo?«
Paulina: »Im Kindergarten.«

Schöner Wohnen

Erwarten Sie ein Kind, oder haben Sie gerade eines gekriegt? Dann tun Sie gut daran, sich vom Gedanken an ein gepflegtes Zuhause für die nächsten Jahre zu verabschieden.

Kinder sind Zerstörer. Nicht aus Bösartigkeit, o nein! Erkenntnisleitendes Interesse ist der Antrieb ihres Tuns. Sie müssen einfach herausfinden, ob man mit Mamas Haarbürste ein Loch in die Wand hauen kann. Oder ob die Toastscheibe in den Schlitz des Videorecorders passt. Oder ob ganz unten im italienischen Terrakottatopf ein Schatz versteckt ist. Und bei diesen Nachforschungen gehen leider immer wieder Gegenstände kaputt, die uns lieb und teuer waren.

Die Probleme beginnen allerdings nicht erst, wenn die Kleinen in der Lage sind, selbstständig und vorsätzlich zu handeln. Ich erinnere mich noch sehr gut an den entsetzten Aufschrei einer Freundin, auf deren Designersofa ich saß, als der wenige Wochen alte Leo einen vernehmlichen Rülpser und gleichzeitig einen Schwall Muttermilch von sich gab. Aus ihrem Schaden klug geworden, erwarben wir bei der Einrichtung unserer Wohnküche ein Sofa, das nicht nur spottbillig, sondern auch rabenscheußlich war. Einziger Vorteil: Durch das wilde, bunte Muster ist es verhältnismäßig unempfindlich. In den Jahren, in denen es unsere Wohnküche ziert, hat es schätzungsweise drei Liter Milch, fünf Flaschen Apfelsaft und den Inhalt mehrerer Nutella-Gläser »geschluckt« und sieht dafür noch recht ansehnlich aus.

Sehr froh bin ich auch über die Entscheidung für die simplen und preiswerten Stühle, die rund um den Esstisch stehen. Wenn ich so zusehe, wie Leo kippelt, Paulina mit spitzen Gegenständen in der Polsterung bohrt und ihre kleinen Gäste Sperren, Höhlen oder Türme mit ihnen bauen, denke ich mit Grauen an die antiken Sitzmöbel mit ihren filigranen Beinchen, auf die ich mich zunächst fixiert hatte. Nur dem Einspruch meines praktisch veranlagten Ehemannes ist es zu verdanken, dass ich heute nicht von einem Nervenzusammenbruch in den nächsten stürze.

Auch aus der schicken Designerküche, von der ich früher mal geträumt hatte, ist nichts geworden. Die hätte ich mir vielleicht irgendwann in meine Single-Wohnung gestellt, aber angesichts des Zerstörungspotenzials von zwei kleinen Kindern haben wir uns für eine preiswerte Fertigteilküche mit schlichter Holzfront und kindersicheren Schubladen entschieden. Auf denen prangen jetzt zwar zahllose Fingerabdrücke in vielen Farbschattierungen, aber mit der Zeit dunkelt das Holz ja gnädig nach.

In unserem Haushalt finden sich keine stilvollen Bodenvasen und keine dekorativen Schalen in einer

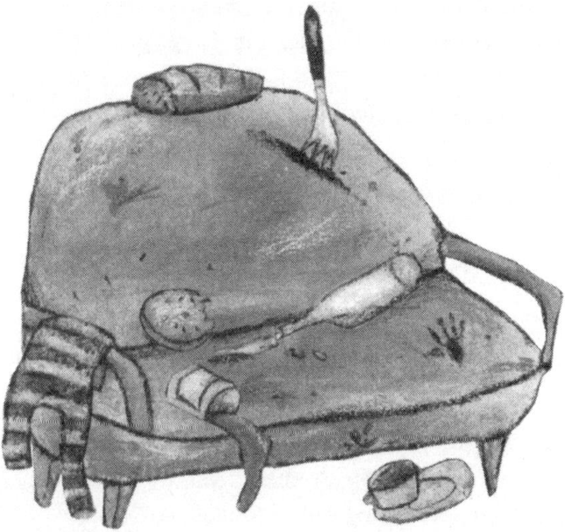

Höhe unter siebzig Zentimetern. Bis zu dieser Marke sind alle Regalbretter leergeräumt oder mit dem vierundzwanzigbändigen Brockhaus gefüllt, dessen Einzelbände so schwer sind, dass sie kein Kleinkind bewegen kann. Im Bad drängeln sich Flaschen und Tiegel außerhalb der Reichweite von Kinderhänden auf dem Fensterbrett, obwohl ein wunderschönes Chromregal bis zum Boden zur Verfügung stünde. Vom Eingangsbereich, der voll gestopft ist mit verdreckten Gummistiefeln, Kinderwägen und Autositzen, weisen schmutzigbraune Spuren an den Wänden den Weg in die Kinderzimmer.

Kaum ein Gegenstand in unserem Haushalt ist frei von Kratzern, Sprüngen oder anderen Blessuren. Unsere Kinder scheinen kein anderes Ziel zu haben, als uns die Vergänglichkeit des Materiellen vor Augen zu führen und uns dazu zu zwingen, die wahren Werte wieder erkennen und schätzen zu lernen.

Interessant sind die Reaktionen von Leuten, die das erste Mal zu uns kommen. Viele versuchen offenbar vorher, sich vorzustellen, wie das Zuhause einer Fernsehmoderatorin und eines erfolgreichen Drehbuchautors aussehen müsste. Meist entspricht die Wirklichkeit diesen Vorstellungen nicht im Entferntesten. Einer Dame rutschte mal raus: »Schön, wie bescheiden Sie leben!« Die Überraschung über das Fehlen der erwarteten standesgemäßen Wohnkultur stand ihr ins Gesicht geschrieben. Eine gute, kinderlose Freundin drückte es drastischer aus: »Könnt ihr euch nicht mal anständige Möbel zulegen?«, fragte sie mit gerümpfter Nase und Blick auf das erwähnte Küchensofa.

Wer Wert auf Prestigeobjekte legt, die optisch was hermachen und mit denen man seine Mitmenschen beeindrucken kann, liegt mit der Entscheidung für Kinder falsch. Oder andersherum: Wer Kinder hat, sollte einsehen, dass bestimmte Gegenstände in seinen vier Wänden nichts zu suchen haben.

Natürlich können Sie darauf bestehen, sich eine naturfarbene Sitzgarnitur anzuschaffen und sie mit Zähnen und Klauen gegen ihren Nachwuchs zu verteidigen. Es gibt ja genug Leute, die glauben, es sei alles nur »eine Frage der Erziehung«. Die Folge ist, dass Sie hundert Mal am Tag Ihre Kinder ermahnen, sich die Hände zu waschen oder die Schuhe auszuziehen, bevor sie sich den edlen Stücken nähern. Das ist dem Familienklima nicht zuträglich, und außerdem werden Sie feststellen, dass Sie keine Chance haben. Spätestens nach ein paar

Tagen wird der erste Marmeladefleck oder ein Kakaospritzer auf den Sesseln prangen – und Sie werden sich jeden Tag von neuem ärgern.
Nehmen wir nun an, Sie haben Ihr Heim kindgerecht, praktisch und dennoch behaglich eingerichtet. Damit enden Ihre Probleme leider noch lange nicht. Es gibt nämlich eine Rechenformel für das Zusammenspiel von Kindern und ihrer Umgebung, die heißt: Kind ist gleich Spielzeug mal Dreck hoch zwei. In der Praxis sieht das folgendermaßen aus: Sie putzen gerade die Küche, während Ihr Kind sich in seinem Zimmer aufhält. Wenn Sie fertig sind, ist auch Ihr Kind fertig. Die Küche ist sauber und aufgeräumt, das Kinderzimmer versinkt in einem Chaos aus Spielsachen, festgetretener Knete und umgefallenen Wasserfarbgläsern. Während Sie nun versuchen, dort wieder Ordnung zu schaffen, wird Ihr Kind im nächsten Raum tätig.
Nach kürzester Zeit finden sich dort Knete, Farbflecken und der Inhalt umgestürzter Spielzeugkisten. (Wie Ihr Kind es geschafft hat, den ganzen Kram von Ihnen unbemerkt in den anderen Raum zu schaffen, bleibt übrigens sein Geheimnis!)
Und so geht es immer weiter. Nie ist Ihre Wohnung in einem vorzeigbaren Zustand. Man selbst gewöhnt sich

irgendwann daran. Was aber, wenn fremde Menschen sich der Behausung nähern?
Wenn bei uns Besuch droht, spielt sich regelmäßig folgende Szene ab: Ich backe hektisch einen Kuchen und grüble nach, womit ich die Gäste verköstigen könnte, wenn Sie unerwarteterweise bis in den Abend hinein bleiben sollten. Mein Mann meint: »Lass den blöden Kuchen. Hilf mir lieber beim Aufräumen!«
Aufräumen? Wieso denn? Es sieht aus wie immer. Der Boden ist bedeckt mit ungefähr zweitausend Duplosteinen, dazwischen liegen Paulinas Puppen und Kuscheltiere, einige zerdrückte Kekse und eine leere Nuckelflasche. Die Sofakissen bilden eine Ritterburg, und ein Turm aus den vierundfünfzig Bilderbüchern, die Leo sein Eigen nennt, ist gerade umgestürzt. Wo also ist das Problem?
»Das Problem ist, dass man Gästen diesen Saustall nicht vorführen kann«, meint Peter zähneknirschend.
»Nein«, korrigiere ich ihn, »das Problem ist, dass Aufräumen völlig sinnlos ist. Sobald die Gäste da sind, wird es innerhalb von fünf Minuten wieder genauso aussehen, es kommen nämlich drei Kinder mit …!«
Meist diskutieren wir, bis der Besuch da ist. Dann ist der Kuchen verbrannt und die zweitausend Duplostei-

ne liegen immer noch rum. So viel zum Thema Problembewältigung in modernen Ehen.
Konflikte zwischen Eltern und Kindern bleiben natürlich ebenfalls nicht aus. Thema Nummer eins ist auch hier das Aufräumen.
Jeden Abend wiederholt sich bei uns das gleiche Spiel: Ich bitte Leo, sein Zimmer aufzuräumen. Er antwortet mit wütendem Protestgeschrei. Ich biete an, mit ihm zusammen aufzuräumen, und gehe mit gutem Beispiel voran. Er sitzt dabei, rührt keinen Finger und nölt: »Ich hab keine Lust!«
Bei jedem dritten Handgriff von mir schreit er: »Nein, das nicht, das muss unbedingt liegen bleiben.« Wenn ich nachfrage, warum, heißt es: »Das ist die Schiene für den Zauberzug.« Oder: »Das habe ich extra für den

Sandmann so hingebaut.« Oder: »Das ist ein Geschenk für dich, das mache ich noch fertig.«
Wo wir Erwachsenen nur Unordnung und Chaos wahrnehmen, verbergen sich für Kinder Objekte ihrer Fantasie, die durchs Aufräumen beseitigt und zerstört werden. Das Ende vom Lied ist also, dass in Leos Zimmer alles mehr oder weniger bleibt, wie es ist. Wir versuchen, behutsam über jene geheimnisvollen Anhäufungen drüberzusteigen, deren tieferer Sinn uns verborgen bleibt.
Kinder haben völlig eigene Vorstellungen von Ästhetik, und mit nichts kann man sie mehr einengen als mit unseren Erwachsenenvorstellungen von einem netten, aufgeräumten Kinderzimmer. Es schmerzt mich, wenn Leo Dinosaurieraufkleber auf sein schönes Holzbett pappt oder die blütenweißen Wände mit Buntpapierschnipseln und Abbildungen von zweifelhaftem künstlerischem Wert schmückt. Aber es ist nun mal sein Zimmer, und ich habe kein Recht, ihm vorzuschreiben, was ihm dort gefällt. Nur wenn er anfängt, den Boden mit Tapetenkleister zu bestreichen, weil er flächendeckend Wellpappe aufkleben will, gebieten wir ihm Einhalt. Leider sind wir nicht immer schnell genug, solchen gestalterischen Akten zuvorzukommen. Dann

hilft nur noch eines: die Güterabwägung. Was ist schon ein verklebter Dielenboden gegen ein glückliches, kreatives Kind?

Solange also Kinder mit uns leben, werden wir nie, nie mehr den Zustand von gleichzeitiger Ordnung und Sauberkeit in allen Räumen erreichen. Nie werden wir sechs Tassen besitzen, an denen kein einziger Henkel abgeschlagen ist, nie einen Teppich, der keine Spuren von Himbeersaft aufweist. Das alles wird ein ferner Traum bleiben, bis unsere Kinder ausgezogen sind und wir beglückt in den Elternruhestand treten. Dann können wir unsere Tage damit zubringen, den Faltenwurf der Gardinen zu ordnen, unsichtbare Staubflusen vom Regal zu entfernen und mit der Handkante Knicke ins Sofakissen zu drücken. Dann werden wir uns am akkurat aufgereihten Nippes in den Glasschränken und am Anblick der kunstvollen Blumenarrangements in den Bodenvasen ergötzen. Aber mal ehrlich – sollen wir uns darauf wirklich freuen?

Kleine Abschiede

Wir machen einen Sonntagsspaziergang. Plötzlich bleibt Leo (4) stehen und macht ein wichtiges Gesicht. Dann teilt er uns mit: »Ab heute entdeck ich die Welt. Ich gehe bis an ihr Ende!« Halb belustigt, halb wehmütig nehmen Peter und ich diese Ankündigung auf. Denn Leo hat ausgesprochen, was wir längst wissen: Jeden Tag werden unsere Kinder selbstständiger, brauchen uns ein bisschen weniger, gehen Schritt für Schritt hinaus in die Welt.

Natürlich ist uns als aufgeklärten, modernen Eltern klar: Die Ablösung der Kinder ist wichtig, ja sie ist das eigentliche Erziehungsziel. Alles, was wir unseren Kindern beibringen, dient dazu, sie lebensfähig zu machen und ihnen zu helfen, in der Welt zurechtzukommen. Theoretisch weiß man das, aber praktisch fällt es manchmal schwer, es zu akzeptieren. Denn jeder Schritt des Kindes in die Selbstständigkeit ist ein Schritt weg von einem selbst. Und das ist schmerzhaft. Für uns war es ein großer Einschnitt, als Leo in den Kindergarten kam. Das erste Mal gaben wir ihn in die

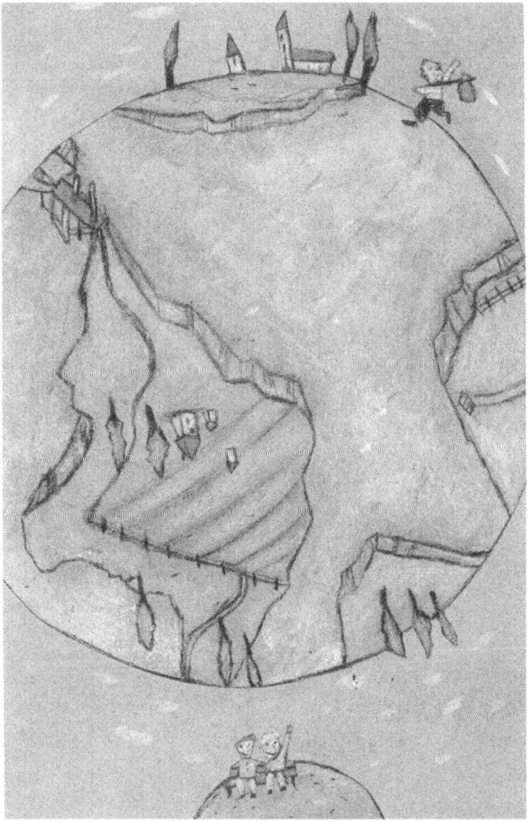

Obhut fremder Menschen, außerhalb seiner gewohnten Umgebung. Seither erlebt er täglich Dinge, von denen wir Eltern gar nichts oder nur wenig erfahren. Die Frage »Wie war's im Kindergarten?« beantwortet Leo nämlich meist mit »Sag ich nicht!« Man hat schließlich seine Geheimnisse!

Ich musste mich erst daran gewöhnen, dass mein Kind nicht mehr rund um die Uhr unter meiner Kontrolle ist, sondern jetzt ein Stück eigenes, von mir unabhängiges Leben hat. Und eigenes Erleben setzt neue Maßstäbe: »Die anderen im Kindergarten tun das auch!«, begründete er die Tatsache, dass er mit der dort verteilten süß schmeckenden Kinder-Zahnpasta nicht etwa seine Zähne putzte, sondern sie aus der Tube saugte und runterschluckte. Drei Abende lang wurde das Thema diskutiert, und ich versuchte ihm klar zu machen, dass das, was die anderen tun und sagen, nicht unbedingt immer richtig sein muss.

Überhaupt die anderen. Die sind plötzlich viel wichtiger als Mama oder Papa, die bisher daran gewöhnt waren, den Ton anzugeben. Jetzt ist entscheidend, was Michi sagt, womit Ruben spielt und ob Nora ihn als Freund will. Und wenn ich entsetzt aufschreie, weil er ein halbmetergroßes, scheußliches Plastikdinosauriermonster (»von Adrian geliehen!«) anschleppt, kann Leo darauf leider keine Rücksicht nehmen, denn das Ding ist mega-in bei den Spielkameraden. Und das ist es schließlich, worauf es ankommt!

Ich würde mich kaum wundern, wenn er demnächst seine Siebensachen packt und zu einem Freund zieht.

Er ist sowieso meistens dort. »Tschüss, ich geh zum Maxi (oder Schorschi oder Robert …)« – und weg ist mein Sohn, und das für Stunden.

Einerseits freue ich mich, dass er Freunde zum Spielen hat, andererseits ist es mir ein bisschen unheimlich, dass er meinem Zugriff immer mehr entgleitet. Glotzt er bei den anderen Kindern womöglich stundenlang fern? Nicht überall herrschen diesbezüglich so strenge Sitten wie bei uns. Nascht er vielleicht massenhaft Süßigkeiten? Viele Mütter sehen das nicht so eng wie ich. Natürlich könnte ich einfach mit den Nachbarinnen reden, aber irgendwie habe ich Hemmungen. Schließlich ist es sehr nett von ihnen, dass Leo dort spielen darf und sicher auch einiges zur Verwüstung der Kinderzimmer beiträgt, während mir das abendliche Aufräumen mal erspart bleibt. Das weiß ich zu schätzen, denn auch bei uns ziehen häufig die Horden durchs Haus, und ich weiß, was sie in kürzester Zeit an Chaos herstellen! Da kann ich doch nicht mit kleinlichen Erziehungsdebatten anfangen. Zumal seine Freunde wahrscheinlich bald keine Lust mehr auf seine Besuche hätten, wenn es dann keine Schokolade und keinen »Pumuckl« geben darf. Außerdem finde ich es im Grunde ja richtig, dass er Dinge tut und erlebt, die

ich nicht bis ins kleinste Detail mitkriege. Auch die Übertretungen gehören dazu. Woanders gelten andere Regeln als zu Hause, und mein mütterlicher Arm reicht eben nicht so weit.

Leos Drang, etwas über die Welt zu erfahren, äußert sich auch in seinen Spielen. Jedes Versteckspiel wird zur Räuberjagd (»Wie sehen Räuber eigentlich aus?«), jeder

Waldspaziergang zur Dschungelexpedition (»Gibt's im Urwald auch Bären?«). Am wichtigsten ist aber zur Zeit, dass wir Erwachsenen aus den Spielen ausgeschlossen bleiben. »Das ist eine geheime Höhle, da darfst du nicht rein!«, heißt es zum Beispiel. Oder er verbarrikadiert sich mit einem Freund im Kinderzimmer, und jeder Versuch der Kontaktaufnahme wird mit sofortigem Rausschmiss beantwortet. An seiner Tür hängt ein Schild, das unliebsame Besucher abschrecken soll: »Zutritt nur gegen Bezahlung!« (Wer hat das überhaupt geschrieben?)

Wer Kinder hat, richtet seinen Blick in die Zukunft. Man stellt sich vor, wie die Sprösslinge sich entwickeln, wie sie mal aussehen und was sie mal können werden. Leider stellt man sich auch vor, was ihnen alles passieren kann. Schließlich erinnert man sich noch allzu gut an die eigene Jugend und daran, was für atemberaubenden Unsinn man damals angestellt hat. Wenn unsere Kinder nur halb so abenteuerlustig werden, wie wir es waren, dann blüht mir und Peter noch einiges!

Als Leo mir kürzlich eines seiner Lego-Bauwerke mit Häusern »so hoch wie in Nujork« präsentierte und mich wissen ließ: »Da will ich mal leben!«, stellte ich mir sofort vor, wie er als sechzehnjähriger Austauschschüler unbeaufsichtigt und weit weg von Mama durch Manhattan stromert. Entsetzlich! Gleichzeitig wurde mir klar, dass mir diese Ängste nicht erspart bleiben werden.

Dabei kann man sich am Anfang gar nicht vorstellen, dass die innige Verbindung mit dem Baby jemals enden könnte! Doch schon nach ein paar Monaten wird aus dem hilflosen Neugeborenen ein kleines Menschlein mit eigenen Plänen, das beginnt, sich für andere Personen, Gegenstände und Orte zu interessieren. Bald krabbelt es – und das bevorzugt von einem weg. Es beginnt der lange, aber unaufhaltsame Prozess der Abnabelung, der für uns Eltern mit Erleichterung, aber eben auch mit Trauer verbunden ist.

Auch Paulinas Babyzeit geht zu Ende. Sie steht, macht zaghaft ihre ersten Schritte, und ich kann nur versuchen, sie dabei zu unterstützen. Aufhalten kann ich sie nicht. Im Gegenteil! Energisch fordert sie schnellere Fortbewegungsmittel: Sie will auf dem Dreirad herumgeschoben werden. Da sitzt sie dann wie eine kleine Rockerbraut, und im Geiste sehe ich sie schon auf dem Mofa die Dorfstraßen entlangbrausen.

Mit Begeisterung verabschiedet sie sich von uns; schon

wenn sie nur aus dem Zimmer krabbelt, hält sie an der Schwelle inne, dreht sich um und winkt uns zu. Und ich weiß jedes Mal: Das ist einer von vielen, kleinen Abschieden.

Rennauto

Leo (4 1/2) trödelt mal wieder rum. Peter versucht, ihn anzutreiben: »Gib mal Gas!«

Leo, ganz cool: »Hab ich am Popo 'nen Auspuff, oder was?«

Schau mal, was ich kann!

Zu den »Eislaufmüttern« gehöre ich wahrhaftig nicht. Mein Ehrgeiz in Bezug auf meine Kinder beschränkt sich darauf, dass sie gesund und fröhlich sind. Ob und wie gut sie etwas können, das hat mich eigentlich nie besonders interessiert. »Leistung« ist für mich ein Begriff, der frühestens in der Schule eine Rolle spielen sollte, und auch da keine allzu große. Wie erstaunt war ich deshalb, als ich merkte, dass für Leo mit seinen viereinhalb Jahren Leistung durchaus nichts Negatives ist! Im Gegenteil: Er verlangt geradezu danach, gefordert zu werden und Leistung zu zeigen. Denn: Leo will Lob – und zwar so viel wie möglich!

»Schau mal, was ich kann!«, ruft er unzählige Male am Tag. Wenn ich dieser Aufforderung dann nachkomme, bleibt mir oft fast das Herz stehen: Meist steht er ganz oben auf einer Klappleiter, zerteilt gerade einen Apfel mit einem Brotmesser oder kommt auf dem Treppengeländer angerast.

Glücklicherweise stellt er auch auf weniger riskanten Gebieten gerne sein Können unter Beweis. Er konstruiert Seilbahnen aus einem Stück Schnur und einer Pappschachtel, er klebt fantasievolle Collagen und baut Türme, die höher sind als er selbst.

Über seine Kreativität freue ich mich natürlich, und da spare ich auch nicht mit Lob. Leo ist aber sehr sensibel, wenn es um die Anerkennung seiner Leistungen geht. Er spürt genau, wenn ein Lob zu überschwänglich ausfällt – vielleicht, weil ich gerade ganz froh bin, dass er sich alleine beschäftigt und ich noch schnell zwei wichtige Telefonate führen kann. Er möchte auch ganz genau wissen, warum mir die Farben auf dem Bild gefallen und ob nicht doch »was Blaues« fehlt. Kurz, er will, dass man sich ernsthaft mit dem auseinander setzt, was er tut. Dabei kann er durchaus auch mal Kritik oder eine Anregung vertragen. Das ist ihm lieber als ein Lob, das nicht von Herzen kommt.
Was Leos Ehrgeiz sehr anstachelt, ist der Vergleich mit anderen. Kürzlich erzählte er: »Der Ruben kann schon alleine Schuhe binden!« »Ist ja toll!«, gab ich meiner Bewunderung Ausdruck. Das konnte er nicht auf sich sitzen lassen. Herablassend fahr er fort: »Aber dafür

lutscht er noch am Daumen!«, (was Leo schon weitgehend eingestellt hat).

Das Beispiel zeigt, wie Kinder miteinander konkurrieren. Konkurrenz! Auch so ein Reizwort, das für mich bisher negativ besetzt war. Durch Leo habe ich gelernt, dass der Vergleich mit anderen auch sein Gutes hat. Er lernt, seine eigene Leistung einzuschätzen, es macht ihm Mut und spornt ihn an.

Ein ideales Feld für dieses Sichmessen ist der Sport. Leo, der vor Neuem oft etwas Angst hat, brauchte lange, bis er sich mit Schlittschuhen aufs Eis traute. Kaum hatte er die ersten Schritte gemacht, beflügelte ihn das derart, dass er auf ein anderes Kind zeigte und gönnerhaft meinte: »Der muss es erst noch lernen!«

Die Rivalität mit anderen Kindern kann zum Problem werden, wenn ein Kind sich ständig ältere zum Vorbild nimmt. Dann ist der Frust vorprogrammiert. Aber genauso schwierig ist es für Leo zu verstehen, warum wir auch von den Leistungen seiner kleinen Schwester so begeistert sind.

Dass Paulina auf die Frage »Wo ist dein Bauch?« mit dem Finger in ihre Leibesmitte pikst, worauf wir alle in freudig bewunderndes Lachen ausbrechen, stößt bei ihm auf wenig Verständnis. Was soll denn daran toll

sein? Dass diese Leistung für Paulina genauso beachtlich ist wie die Tatsache, dass er schon mit Messer und Gabel essen kann, ist für ihn schwer zu begreifen. Meistens nimmt er solche Situationen zum Anlass, eine halsbrecherische Turnübung zu vollführen oder ein großartiges Bild zu malen. »Das kann die Paulina noch nicht, gell?«, müssen wir ihm dann bestätigen.
Paulina wiederum fühlt sich durch das Beispiel ihres Bruders zu großen Taten angespornt. Als sie sich gerade mal hochziehen konnte, stand sie plötzlich auf einem Stuhl, und ich konnte nur durch einen Hechtsprung verhindern, dass sie abstürzte. Ganz eindeutig hatte sie sich zu viel vorgenommen, aber das Vorbild des ständig kletternden Leo hatte sie wohl ermutigt. Ich habe den Eindruck, dass die zweiten Kinder gefährdet und bevorzugt gleichzeitig sind. Sie lernen viel vom älteren Geschwisterkind, laufen aber auch Gefahr, sich beim Nachmachen zu übernehmen. Ich stelle es mir auch ganz schön schwierig für Paulina vor, immer Leo vor der Nase zu haben, der alles schon kann. Gerade deshalb sind genügend Aufmerksamkeit und Lob auch für ihre Leistungen wichtig.
Jetzt muss ich noch ein Geständnis machen: So wenig ich davon halte, bin ich als Mutter doch ständig ver-

führt, meine Kinder miteinander zu vergleichen. Leo konnte bereits mit einem Jahr laufen, während Paulina im gleichen Alter nicht die geringsten Anstalten machte, sich aufrecht vorwärts zu bewegen. Sofort sagten wir uns: »Dafür ist sie sicher besonders sprachbegabt!«, und als sie mit dreizehn Monaten das erste Mal »wau-wau« sagte, waren wir hoch erfreut. War sie doch damit viel früher dran als Leo, der erst mit fünfzehn Monaten »wau-wau« gesagt hatte. Und ist nicht die Tatsache, dass Paulina seit kurzem »kacka« sagt, wenn sie in die Hose gemacht hat, ein deutliches Anzeichen, dass sie reif für den Topf ist, während Leo ja erst mit zwei Jahren … undsoweiterundsofort.

Leistung hin, Lob her – beides spielt für meine Kinder eine große Rolle. Und ich habe inzwischen kapiert: Solange sie Spaß daran haben, ihre Leistungsfähigkeit zu erproben, ist nichts dagegen einzuwenden. Dass es so bleibt, das ist unsere Aufgabe. Denn wenn Druck gemacht wird, dann ja meist von ehrgeizigen Vätern oder Müttern. Aber wie gesagt: Eine »Eislaufmutter« bin ich nicht, und ich werde wohl auch keine mehr!

Kannibalismus

Paulina (2) und Leo (5) haben ein Bilderbuch geschenkt bekommen, das die Geschichte eines Menschenfressers erzählt, der durch die Liebe eines Mädchens aufhört, böse zu sein. Sie sind beide fasziniert von der Geschichte und den Bildern. Eines Abends in der Pizzeria schaut Paulina zu, wie der etwas finster dreinschauende Pizzabäcker die Teigfladen mit einer großen Schaufel in den Holzkohleofen schiebt. Plötzlich fragt sie: »Ist das ein Fressermensch?«

Ein Baby auf vier Pfoten

Ich bin auf einer Geschäftsreise, genieße die fremde Stadt, die Ruhe im Hotel und das Alleinsein. Ich denke voller Zärtlichkeit an Leo (5) und Paulina (2) und bin dankbar, dass sie aus dem Gröbsten raus sind. Nein, ein drittes Kind will ich lieber doch nicht. Nie mehr stillen und wickeln, nie mehr von nächtlichem Babygeschrei aus dem Schlaf gerissen werden – stattdessen die eine oder andere Reise – meine Fantasie macht Luftsprünge.

Als ich abends zu Hause anrufe, höre ich Leos aufgeregte Stimme: »Ganz klein … auf der Straße gefunden, keine Mama und kein Papa mehr … mit der Milchflasche füttern …«

Ich vermute, dass es sich um den Inhalt des neuen Bilderbuches handelt, und denke mir nichts weiter dabei.

Als ich zwei Tage später nach Hause komme, traue ich meinen Augen nicht. Auf einer Decke im Einkaufskorb liegt eine Hand voll graues Fell, aus dem zwei winzige Ohren und eine rosarote Zunge herausspitzen. Unser Babysitter hat das vier Wochen alte Kätzchen auf der Straße gefunden und vor dem Überfahrenwerden gerettet.

»Mama, schau nur, wie süß … die is noch ganz klein … dürfen wir die behalten? … des is meine Katze! …«, schallte es mir zweistimmig entgegen.

Also, ich mag Katzen. Peter redet seit längerem davon, dass er einen Hund will. Ich will keinen Hund. Hunde stinken. Peter will keine Katze. Er ekelt sich vor dem Dosenfutter.

»Das muss ich erst mit Papa besprechen!«, drücke ich mich fürs Erste vor einer Entscheidung.

Für mich ist der Fall bereits klar: Katzen machen nicht so viel Dreck, man muss sie nicht bürsten oder baden, und man muss nicht mit ihnen Gassi gehen. Wenn wir die Katze nehmen, ist das d i e Gelegenheit, um den Hund herumzukommen!

Peter leistet Widerstand. Aber dem geballten Ansturm von drei Katzenliebhabern ist er nicht gewachsen.

Leo beschließt, dass die Katze Tilly heißen soll, und beginnt umgehend damit, sie zu dressieren. Das Tier weigert sich allerdings standhaft, durch einen Reifen zu springen. Macht nichts, Leo liebt Tilly trotzdem und schmust, am Daumen lutschend, mit ihr, als wäre sie ein Plüschtier.

Paulina wird nach anfänglicher Begeisterung eifersüchtig und versucht, den neuen Hausgenossen zu quälen. Sie verhält sich, als würde ein Geschwisterchen ihr den Rang als Nesthäkchen streitig machen, und wir haben ganz schön damit zu tun, das Katzenbaby vor ihren Anschlägen zu schützen.

Verblüffend ist die Wandlung des Katzenhassers Peter in einen liebevollen Katzenvater. Solange Tilly klein ist, trägt er sie in der Tasche seiner grauen Strickjacke spazieren. Seit sie größer ist, liegt sie Abend für Abend schnurrend auf seinem Bauch, und als sie einmal ungewöhnlich lange nicht von ihrem Spaziergang zurückkommt, ist es Peter, der die ganze Gegend nach ihr absucht.

Nur ich habe das unbestimmte Gefühl, ein Eigentor geschossen zu haben. Statt zu stillen, öffne ich Whiskas-Dosen, statt zu wickeln, säubere ich das Katzenklo, und eine geplante Reise habe ich abgesagt, weil man das arme Tierchen doch nicht jetzt schon alleine lassen kann. Da hätte ich eigentlich auch ein drittes Kind kriegen können, oder?

MIA

Die Urlaubs-Katastrophen-Chronik

Urlaub ist etwas für Leute, die erholungsbedürftig sind. Am erholungsbedürftigsten sind Eltern von kleinen Kindern. Aber für niemanden ist es schwieriger, sich zu erholen, denn Urlaub mit kleinen Kindern ist das Gegenteil von Erholung, es ist der totale Stress. Sie glauben, ich übertreibe? Überzeugen Sie sich selbst:

Sommer 1993

Leo ist zwei, wir wagen die erste Ferienreise. Zehn Stunden mit dem Auto bis Livorno, danach die Überfahrt mit der Autofähre bis Elba. Wir fahren natürlich nachts, damit Leo schlafen kann. Erst auf der Fähre erwacht er – und übergibt sich erst mal herzhaft. Das tut er während der kommenden Ferienwochen auf jeder Autofahrt, die um mehr als drei Kurven führt. Bis heute wissen wir deshalb nicht, wie Elba eigentlich aussieht, denn alle Straßen dort sind kurvig.

Damit uns trotzdem nicht langweilig wird, kriegt Leo einen Infekt mit hohem Fieber, muss ein Antibiotikum einnehmen und darf eine Woche lang nicht in die Sonne, was bedeutet, dass auch wir nicht in die Sonne können. Darüber sind wir natürlich hocherfreut, denn selbstverständlich sind wir nach Italien gefahren, weil es dort so schön schattig ist.

Winter 1994

Ich bin im fünften Monat schwanger und leide noch mehr unter der Kälte als sonst. Eine Freundin überredet mich, mit ihr für zehn Tage auf eine Kanareninsel zu fahren. Peter hat keine Zeit, kann deshalb weder mitkommen noch Leo (2 1/2) so lange betreuen. Also fahren Leo und ich alleine.

Die ersten drei Tage weint er ununterbrochen: »Ich will heim zum Papa!« Sand und Meer trösten ihn allmählich. Der Strand ist zwei Kilometer entfernt, mit Leo ein Fußmarsch von einer Stunde. Leider zieht Leo sich einen Splitter in den Fuß und weigert sich – auch, nachdem der Splitter längst wieder draußen ist – zu gehen. Also schleppe ich ihn mit meinem Fünf-Monats-Bauch täglich zum Strand und zurück und fluche, dass ich zu faul war, einen Buggy mitzunehmen.

Fruhjahr 1995

Diesmal sind Peter und ich schlauer: Wir wollen drei Tage alleine verreisen! Amsterdam ist das Ziel unserer Träume; schon vor Wochen habe ich unsere Reise gebucht, in der Annahme, dass Paulina mit acht Monaten abgestillt sein würde. Das war leider ein Irrtum, das Kind weigert sich beharrlich, den Busen aufzugeben. Wir verschieben die Reise also um zwei Monate. Endlich naht der große Moment. Doch diesmal ist es Peter, der uns einen Strich durch die Rechnung macht: Ein paar Tage vorher wird er krank, liegt mit einer schweren Grippe darnieder. Wir stornieren die Reise endgültig.

Am Tag der geplanten Abfahrt geht es ihm schon viel besser, und ich ärgere mich schwarz, dass wir nicht gefahren sind.

In der Nacht bewahrheitet sich die alte Spruchweisheit, dass alles seinen tieferen Sinn hat: Leo bekommt einen schweren Pseudo-Krupp-Anfall mit akuter Atemnot. Wir rasen ins Krankenhaus. Das erste Mal habe ich Todesangst um mein Kind und bin dankbar, dass wir nicht verreist sind. Nach diesem Schock legen wir die Idee, alleine zu verreisen, erst mal zu den Akten.

Stattdessen unternehmen wir kleinere Ausflüge mit den Kindern. Bei einer Autofahrt zu Freunden nach Landsberg kommt uns in einer Kurve ein Auto entgegen und rammt unsere gesamte linke Seite. Wir kommen mit dem Schrecken davon, das Auto ist Schrott.

Den nächsten Ausflug unternehmen wir mit der Bahn. Das Ziel ist Karlsruhe, wo Deborah, die von Leo und Paulina heiß geliebte Lebensgefährtin meines Bruders, ihr Debüt als Schauspielerin hat. Sie verkörpert den kleinen Tiger in Janoschs Kindertheaterstück »Post für den Tiger«, und Leo freut sich seit Wochen auf die Aufführung.
Bis Ulm geht alles gut, außer dass Leo vier Mal aufs Klo muss. Dann wird er plötzlich grün im Gesicht. »Ich muss spucken«, flüstert er, und im nächsten Moment ergießt sich ein Schwall in die halb leere Kaffeetasse, die ich ihm geistesgegenwärtig hinhalte. Die Symptome sind eindeutig, er hat den Magen-Darm-Virus, der davor schon zwei von seinen Freunden umgenietet hat. Wenig später sind wir in Stuttgart, wir steigen aus und fahren mit dem nächsten Zug wieder zurück.

Für eine Weile haben wir's dann aufgegeben und sind einfach zu Hause geblieben. Im letzten Sommer aber hat es uns wieder gepackt. Die Erinnerung an vergangene Katastrophen verblasste langsam, die Versprechungen der Tourismusindustrie und begeisterte Urlaubsschilderungen von Freunden taten ihre Wirkung. Wir waren ausgelaugt und erschöpft von der Doppelbelastung durch Beruf und Familie und sehnten uns nach Entspannung, nach Faulenzen am Strand und morgendlichem Ausschlafen.
All das hätten wir vielleicht haben können, wenn wir es fertig gebracht hätten, unsere Kinder für zwei Wochen in die Obhut anderer Menschen zu geben und alleine zu verreisen. Aber wir brachten es nicht fertig. Also fuhren wir mit Leo und Paulina, die mit fünf und zwei doch allmählich alt genug sein sollten für einen gemütlichen Familienurlaub. Unser Ziel war ein gemietetes Ferienhaus auf einer Mittelmeerinsel.
»Wann sind wir da?«, fragte Leo bereits auf dem Weg zum Flughafen, und ich malte mir mit Schrecken das Genörgel während der bevorstehenden Wartezeit, im Flugzeug, am Gepäckband und auf der Überfahrt zu unserer Ferieninsel aus. Als Paulina im Flugzeug ein volles Glas Orangensaft vom Klapptisch fegte, fragte

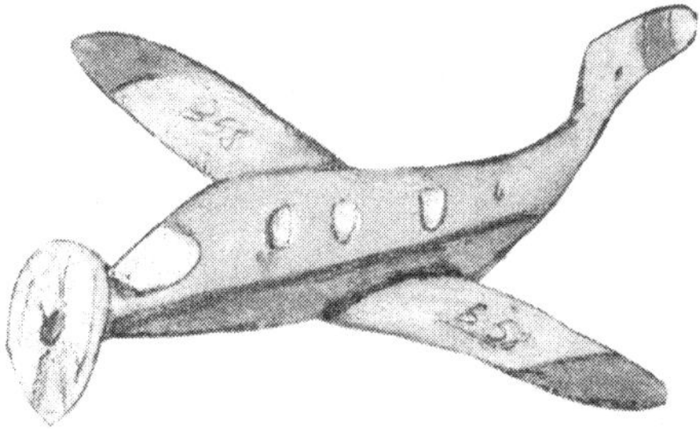

ich mich zum ersten Mal, wie wir schon wieder auf den Wahnsinn verfallen konnten, Urlaub mit den Kindern zu machen.

Das Gespräch mit einer anderen Mutter, die ebenfalls mit Ehemann und zwei kleinen Kindern unterwegs war, gab mir zusätzlich zu denken. Sie erzählte, dass sie in einen Club fahren, wo die Kinder mehrere Stunden am Tag von geschultem Personal betreut werden würden, und dass sie fünf Bücher eingepackt habe, die sie in den nächsten vierzehn Tagen zu lesen gedenke. Ich dachte an das einzige Buch in meinem Koffer, den neuen Krimi von John Grisham, den ich in einem Anfall von Optimismus eingepackt hatte.

»Warum fahren wir eigentlich nicht in einen Club?«, wollte ich von Peter wissen. »Weil ich im Urlaub

meine Ruhe haben und nicht von irgendwelchen Animateuren genervt werden will«, antwortete er. Ob er es besser fände, von seinen Kindern genervt zu werden? Er teilte es mir nicht mit.
Sechs Gepäckstücke, zwei jammernde Kinder und zwei schweißgebadete Erwachsene enterten nach achtstündiger Reise schließlich das Ferienhaus. Nach dem Auspacken machte sich vorsichtige Euphorie breit. Endlich, endlich würde sie beginnen, die ersehnte Erholung! Die Kinder würden sich bald einleben, viel miteinander spielen und uns Ruhe gönnen, so hofften wir.
Weit gefehlt. Die Kinder forderten von früh bis spät unsere Präsenz und Zuwendung, denn wofür sind Ferien da, wenn nicht dafür, mit Mama im Sand zu buddeln und mit Papa Seeungeheuer zu fangen?
Aus der Perspektive unserer Kinder war das zweifellos eine legitime Sicht der Dinge, leider hatte sie nur wenig mit unseren Vorstellungen von Urlaub zu tun. Ich finde nichts langweiliger, als im Sand zu buddeln, und wollte endlich meinen Grisham verschlingen, während Peter nach einer Stunde Seeungeheuer-Fangen fand, er habe sich nun für den Rest des Urlaubs ein Recht auf ungestörtes Zeitunglesen erworben.

Anstatt, wie man das aus der Werbung kennt, friedlich gemeinsam eine Burg zu bauen, bewarfen unsere ungeratenen Gören andere Leute mit Sand und beschwerten sich lautstark darüber, dass der Strand so sandig war, das Wasser so kalt und die Sonne so heiß. Angeekelt zeigte Paulina auf ihre sandigen Hände, und als ich ihr zeigte, dass man die im Meerwasser abspülen kann, schwappte ihr eine Welle ins Gesicht, die ihr ohnehin vorhandenes Misstrauen dem Wasser gegenüber in schiere Abscheu verwandelte.
Da traf es sich gut, dass Leo sich am dritten Tag unseres vierzehntägigen Urlaubs ein Loch in den Kopf schlug, genäht werden musste und bis zum Ende der Ferien nicht mehr an den Strand durfte. Also verbrachten wir unsere Zeit am Haus mit Pool, wo Paulina trotz Wasserscheu mehrfach reinfiel – einmal davon ohne Schwimmflügel, was nicht gerade zur Entspannung ihrer Eltern beitrug.
Die abendlichen Besuche im Restaurant waren ebenfalls eine schweißtreibende Angelegenheit; die spanische Küche, insbesondere die Knoblauchmajonnaise, stieß zwar auf die Zustimmung unserer Kinder, sie lehnten es aber strikt ab, zum Zwecke der Nahrungsaufnahme still auf ihren Stühlen sitzen zu bleiben. So

entstand Abend für Abend ein reges Treiben, wenn abwechselnd Peter, ich und unsere beiden ebenfalls urlaubenden Freunde drei herumwuselnde Kinder einfingen, zum Tisch zurückschleppten, um sie zum Essen zu bewegen, und zwischen zwei Runden schnell selbst einen Happen zu sich zu nehmen. Nur mit Eiskrem konnte man die Gören für kurze Zeit ruhig stellen, im Dienste der elterlichen Erholung verfütterten wir in diesen Ferien schätzungsweise eine Langnese-Jahresproduktion.

Die Nächte waren auch nicht gerade der Hit. Der Kampf gegen die Mücken erforderte vollen Einsatz, die Kinder schliefen unruhig, alle paar Nächte fiel eines mit einem Rums aus dem Bett und landete brüllend auf den Fliesen.

Tagsüber musste eingekauft und gekocht werden; kaum waren wir fertig für irgendeinen Ausflug, fing Paulina an zu quengeln und war reif für einen Mittagsschlaf. Wenn wir gemeinsam mit unseren Freunden was unternehmen wollten, musste auch noch der Mittagsschlaf ihres Kindes abgewartet werden, und ehe wir's uns versahen, war es wieder Abend und wir fanden uns resigniert in einem Lokal wieder. Der Grisham lag immer noch ungelesen rum, die Stimmung zwischen Peter und

mir war auf dem Nullpunkt. »Die Frau im Club hat sicher schon das dritte Buch gelesen!«, schleuderte ich ihm wütend entgegen. »Dann fahr doch das nächste Mal in einen Club – aber ohne mich!«, konterte er. Jeder von uns verfluchte den anderen, weil der nicht dafür sorgte, dass die ersehnte Entspannung endlich einsetzte. Wir waren so angestrengt damit beschäftigt, uns zu erholen, dass wir völlig gestresst waren.
Ein paar Tage versuchten wir, die Situation zu entschärfen, indem wir getrennte Unternehmungen machten, sodass jeder von uns mal die Kinder hatte und der andere seine Ruhe. Aber das war ja auch nicht gerade das, was man sich unter Familienurlaub vorstellte. Irgendwas machten wir falsch. Wir setzten uns zusammen und führten ein vernünftiges Gespräch. In dessen Verlauf wurde deutlich, dass wir beide der Illusion erlegen waren, wir könnten mit den Kindern so Urlaub machen wie früher ohne Kinder. Da bestand der Urlaub tatsächlich in morgendlichem Ausschlafen, Faulenzen am Strand und ungestörten Abendessen im Restaurant. Diese Idealvorstellung geisterte in unseren Köpfen herum, und wir verzweifelten fast daran, dass wir sie mit den Kindern nicht realisieren konnten. Wir beschlossen, während des zweiten Teils der Ferien unse-

re persönlichen Glückserfüllungsvorstellungen hintan zu stellen und uns wirklich ganz auf die Kinder einzulassen. Vielleicht müssten wir einfach nur lernen, dass auch Sandspielen sehr erholsam sein kann? Und dass Seeungeheuer-Fangen eine ungemein entspannende Tätigkeit ist? Und dass man sich in den Ferien sowieso nicht so viel vornehmen soll?
Mit diesen guten Vorsätzen ging es tatsächlich besser. Wir richteten uns nach den Bedürfnissen der Kinder und ihrem Rhythmus, kochten öfter zu Hause und lernten, uns auch bei Tätigkeiten zu entspannen, die früher in unseren Ferien nicht vorgekommen waren. Beim Aufblasen von Gummischwimmtieren zum

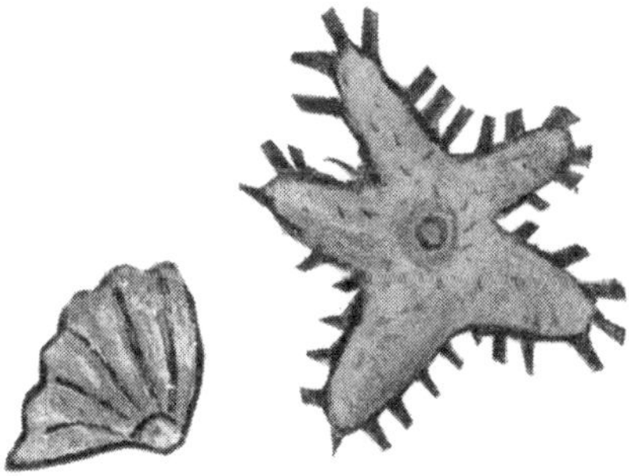

Beispiel, beim Füttern von Eidechsen oder beim stundenlangen Sammeln von Muscheln.
Die Kinder waren plötzlich zufrieden, weil wir Erwachsenen es waren. Und am Ende der Ferien registrierten wir überrascht, dass wir uns eigentlich doch ganz gut erholt hatten. Sogar meinen Grisham hatte ich geschafft!
Auf dem Rückflug traf ich die Club-Mutter wieder, die mir begeistert von ihrem Urlaub erzählte. Alle fünf Bücher hatte sie ausgelesen, einen Tenniskurs besucht, und abends war sie mehrfach alleine mit ihrem Mann zum Essen gegangen, dank des Club-eigenen Babysitter-Service. Ein leises Gefühl von Neid beschlich mich, und ich fragte mich noch einmal, ob nicht der Club-Urlaub die bessere Alternative wäre. Aber dann erinnerte ich mich an unsere Radtour zum Leuchtturm, an Leos Aufregung beim Erkunden einer Tropfsteinhöhle, an Paulinas Spaß am Wasser, der schließlich doch noch einsetzte, und an den letzten Abend, als unsere zwei Knirpse Hand in Hand mit ihrer Freundin auf den Sonnenuntergang zuliefen, während wir vom Strandlokal aus zusahen.
Auch wenn's zwischendurch verdammt anstrengend war – wir hatten wirklich Urlaub mit unseren Kindern

gemacht. Und beim nächsten Mal wissen wir ja, was auf uns zukommt. Ob es ein nächstes Mal gibt? Na klar, wir haben schon gebucht. Und sogar unsere Freunde fahren wieder mit!

Fleischeslust

Leo (5) ist in der Jäger-und-Sammler-Phase. Er baut Fallen im Garten, legt seinen Plüschhasen und die Ente auf den Grill und verspricht mir: »Ich schieße dir ein Schwein!«

Ich bin ein bisschen erschrocken über sein mitleidloses Verhältnis zum Töten und sage: »Also, mir tun die Tiere eigentlich leid, die wir umbringen und aufessen.«

Leo darauf ungerührt: »Dann werd' doch Vegetarier!«

Leo und der liebe Gott

War das damals peinlich! Unsere Freunde und Verwandten waren eingeladen, das Restaurant für die Feier war vorbestellt, der Termin für die kirchliche Zeremonie stand seit Wochen fest. Und dann hatten Peter und ich wenige Tage vorher nach heftiger Diskussion beschlossen: Nein, wir lassen Leo doch nicht taufen! Wie sollte ich das bloß der Familie erklären? Den Freunden? Und dem Pfarrer?

Wir wohnen in einem bayerischen Dorf, wo die meisten Menschen katholisch sind und der sonntägliche Kirchgang für viele noch selbstverständlich ist. Es erschien uns zuerst ganz klar, dass auch unsere Kinder Teil dieser Gemeinde werden sollten. Viele Aktivitäten im Dorf gehen von der Kirche aus, und wir wollten nicht, dass Leo als ungetauftes Kind womöglich ein Außenseiter wird. Der Termin für die Taufe stand also fest – aber plötzlich kamen uns Zweifel.

»Wollt ihr wirklich, dass Leo zur Beichte geht?«, fragte

uns entsetzt ein Freund. Nein, das wollten wir eigentlich nicht.

»Ich hatte Albträume als Kind«, erzählte ein anderer, »jeden Abend habe ich gebetet: Liebe Mutter Maria, bitte erscheine mir nicht!«

Auch wir erinnerten uns plötzlich, mit wie viel Angst die Geschichten aus dem Kindergottesdienst verbunden waren. War da nicht die Sache mit dem Jungen, der in eine Löwengrube fiel? Oder dem anderen, der von einem Wal verschluckt wurde? Kein Fernsehprogramm hatte mir solche Schauer über den Rücken gejagt wie diese Erzählungen.

»Seid ihr denn selbst gläubig?«, fragte schließlich eine Freundin und legte damit den Finger in die Wunde. Genau um diese Frage hatten wir versucht uns zu drücken. Wie sollten wir aber guten Gewissens unser Kind einer Gemeinschaft anvertrauen, deren Überzeugungen wir nicht teilten? Was sollten wir tun, wenn Leo später Fragen stellte, die wir ganz anders beantworten würden, als es die Kirche von uns erwartete?

Nein, Peter und ich glauben nicht an Gott. Wir glauben an christliche Werte, und wir erziehen unsere Kinder sicher nicht viel anders als Eltern, die sich der Kirche verbunden fühlen. Aber dass es ein übergeordnetes Wesen gibt, das unsere Geschicke lenkt – daran können wir nicht glauben, auch wenn wir's uns manchmal wünschen würden.

Die Taufe fiel also aus. Die undankbare Aufgabe, unseren Pfarrer zu informieren, fiel mir zu. Ich hoffe, er hat's verstanden. Das geplante Fest haben wir trotzdem gefeiert, und Leo hat auch Paten, die sich rührend um ihn kümmern. Bei Paulina haben wir es später genauso gemacht, und auch ihre Paten fühlen sich ohne kirchlichen Segen mit ihr verbunden.

Die Sorge, dass unsere Familien sauer sein könnten, hat sich übrigens als unbegründet erwiesen. Sicherlich hätten manche von ihnen sich gewünscht, wir hätten die Kinder getauft. Wer selbst gläubig ist, für den ist es schmerzlich, wenn nahe stehende Menschen ihren Glauben nicht teilen. Aber unser Entschluss wurde respektiert. Vielleicht war dem einen oder anderen unser ehrliches »Nein« sogar lieber als ein scheinheiliges »Ja«. Wie viele Paare heiraten zum Beispiel kirchlich, ohne einen Bezug zur Kirche zu haben – nur, weil eine weiße Hochzeit mehr hermacht? Weil wir diese Haltung nicht gut finden, sind Leo und Paulina »Heidenkinder« geblieben.

Das heißt aber nicht, dass sie ohne den lieben Gott auf-

wachsen, o nein! Wir haben schnell gemerkt, dass es ohne den gar nicht geht. Denn Leo stellt inzwischen Fragen, die uns ganz schön in Verlegenheit bringen!
»Wo kommen die Menschen hin, wenn sie sterben?«, möchte er zum Beispiel wissen. Soll ich einem knapp Fünfjährigen erzählen, dass die Toten in eine Holzkiste gesteckt und in der Erde verscharrt werden, wo sie langsam vor sich hin faulen, bis am Ende nur ein bisschen modrige Erde übrig bleibt? Das mag die Wahrheit sein, aber ich will ihm das so nicht zumuten. Also habe ich ihm erklärt, dass der Körper eines Verstorbenen begraben wird, seine Seele aber in den Himmel zum lieben Gott aufsteigt. Das ist einfach eine tröstlichere Vorstellung. Dass es zufällig auch das ist, was die Christen glauben, stört mich nicht. Vielleicht hat der Glaube ja genau diese Funktion: das schwer Erträgliche erträglicher zu machen.
Als Leo wissen wollte, wer die Welt gemacht hat, musste ich mich entscheiden, welche Version ich ihm erzähle. Natürlich hätte ich ihm antworten können: »Der liebe Gott hat die Welt gemacht.« Zack, fertig, keine Fragen offen. Das erschien mir aber nicht richtig. Also habe ich ihm, so gut ich konnte, die Geschichte vom Urknall im Weltraum, den Planeten und der

Entstehung der Milchstraße erzählt. Wir haben uns dazu Bilder angesehen, und Leo fand es total aufregend. Auch wenn er nicht alles verstanden hat (wer hat das schon?), hatte er das Gefühl, dass ich seine Fragen ernst nehme und mich um Antworten bemühe.

Immer wieder aber zeigt sich auch, dass Leo – wie vermutlich alle Kinder – ein Bedürfnis nach einer Einrichtung wie dem lieben Gott hat. Nachdem es tagelang geregnet hatte, stand er neulich am Fenster und schimpfte: »Mensch, lieber Gott, jetzt war ich die ganze Zeit so brav, jetzt kannst du den Regen aber mal aufhören lassen!« Welchen Sinn hätte es, ihm zu erklären, dass nicht der liebe Gott das Wetter macht, sondern dass komplizierte Zusammenhänge von Wind, Wolkenbildung, Hoch- und Tiefdruck für den Dauerregen verantwortlich sind? Der liebe Gott für Kinder ist einer, auf den man auch mal schimpfen kann, der schuld ist an größeren und kleineren Ärgernissen, den man aber auch um was bitten kann.

»Lieber Gott, bitte mach … dass die Schulaufgabe gelingt, dic Freundin zurückkommt, die Ferien bald anfangen!« – welches Kind kennt nicht die Stoßgebete zum Himmel, die einem zumindest das Gefühl geben, man sei nicht ganz allein und verlassen auf der Welt.

Und für uns Eltern ist der liebe Gott oft die letzte Instanz, wenn uns wirklich nichts mehr einfällt. »Wer hat die Menschen gemacht?«, erkundigte Leo sich neulich. Aha, dachte ich, jetzt ist die erste Aufklärungsstunde fällig. Ich beschrieb ihm also in einfachen Worten, wie Menschen »gemacht« werden. »Waren die Menschen immer schon auf der Welt?«, fragte er weiter. Nachdem ich die gesamte Evolutionstheorie vor ihm ausgebreitet hatte, schien er zunächst zufrieden. »Und angefangen hat alles mit dem Urknall!«, erinnerte er sich an unser letztes Gespräch. Ich war stolz auf meinen gelehrigen Sohn und auf meine schlauen Antworten. Aber dann fragte Leo in aller Unschuld: »Und wer hat den Urknall gemacht?«

Tja, da war er mal wieder, der Retter in der Not, der liebe Gott! Mag sein, dass Leo später mal einen Physik-Leistungskurs belegt und mir dann erklären kann, wie es zum Urknall kam – bis dahin aber bin ich froh, dass man dem lieben Gott das eine oder andere in die Schuhe schieben kann!

Vor kurzem habe ich es allerdings geschafft, Leo zu verblüffen. Er hatte mich gefragt: »Wie sieht der liebe Gott eigentlich aus?« Zuerst war ich ratlos. Dann hatte ich eine Idee: »Der liebe Gott sieht so aus, wie du ihn dir vorstellst!«, zog ich mich elegant aus der Affäre. Und da fiel Leo nichts mehr ein. (Jedenfalls für ungefähr zwanzig Sekunden!)

Ahnungslos

Wir sitzen bei Zwetschgendatschi im Garten und kämpfen gegen die Wespen.

Leo (4): »Mama, warum hat der liebe Gott überhaupt Wespen gemacht?«

Ich: »Das weiß ich auch nicht«

Leo: »Wahrscheinlich hat er nicht gewusst, dass die stechen!«

Der kleine Unterschied

»Als Mädchen wird man nicht geboren, zum Mädchen wird man gemacht!« Den Spruch fand ich immer klasse, und schon früh nahm ich mir vor, meine Tochter so zu erziehen, dass mal ein ganzer Kerl aus ihr wird. Meinen Sohn hingegen erträumte ich mir als sensiblen, gefühlvollen Knaben, aus dem später einer dieser raren »neuen Männer« werden sollte, nach denen wir Frauen schon ewig erfolglos Ausschau hielten.

Fünf Jahre mit Leo und zwei Jahre mit Paulina haben mich endgültig vom Feminismus abfallen lassen. Inzwischen weiß ich: Als Mädchen wird man geboren, und als Mutter kann man sich auf den Kopf stellen – die weibliche Leidenschaft für Lackschuhe und Schleifen ist genetisch bedingt, ebenso wie die männliche für Fahrzeuge und Schusswaffen.

Nach anfänglichem Widerstand gegen diese Erkenntnis habe ich es inzwischen aufgegeben, meine Kinder »geschlechtsneutral« erziehen zu wollen. Erstens würde ich ihnen dadurch nicht gerecht werden, und zweitens wäre es ohnehin sinnlos. So habe ich mich darauf verlegt, staunend zu beobachten, wie die Biologie sich durchsetzt.

Will einen Rock anziehen!«, verlangt Paulina jeden Morgen. Wenn ich zustimme, setzt sie gleich noch einen drauf: »Und die nette Drumpfhose!«
Die »nette« Strumpfhose ist pinkfarben und auf unerklärliche Weise in unseren Haushalt geraten. Ich hasse Pink und würde freiwillig keinen Gegenstand in dieser Farbe kaufen, aber Paulina hat die schrillen Beinkleider zu ihrem Lieblingsstück erkoren. Sie hat aber zu jedem ihrer Kleidungsstücke eine Beziehung; manche bevorzugt sie, andere lehnt sie ab. »Die nicht!«, bestimmt sie kategorisch und zeigt mit spitzem Finger auf die praktische Jeanslatzhose, in der ich sie am liebsten sähe.
Nach dem Anziehen heißt es: »Wo sind meine Haarbangen?« Mit Mühe und Not befestige ich eine Spange in ihrem noch spärlichen Haupthaar, worauf sich das kleine Mädchen kokett um sich selbst dreht und sein Bild im Spiegel bewundert.

Dass Zweijährige so putzsüchtig sind, kann ich gar nicht fassen! Von mir kann sie es nicht haben, denn ich tauge kaum zum Vorbild in Sachen Weiblichkeit.
Ich trage nur Hosen, ausschließlich gedeckte Farben und lege keinen Wert auf irgendwelchen Zierrat.

Warum also fährt Paulina rettungslos auf Schleifen, Rüschen, kitschige Bärchenapplikationen und rosa Blümchenmuster ab?

»Weil alle Mädchen das tun!«, belehrt mich eine Freundin, die zwei Töchter und einschlägige Erfahrung mit dem Thema hat. »Die rosa Phase hatten wir auch, die ist so unvermeidlich wie das Trotzalter oder die Pubertät!«
Die Entsprechung bei den Jungen ist die »Knall-Bumm-Phase«, die alle pazifistisch gesinnten Eltern an ihren Fähigkeiten als Erzieher zweifeln lässt. Stöcke, in Revolverform gebissene Toastscheiben, Bananen – nichts, was nicht als Waffe zweckentfremdet und gegen die hilflosen Erzeuger gerichtet wird. Auch Leo »schoss« eine Zeit lang wild um sich, da wir dem aber wenig

Beachtung schenkten, ließ seine Killerleidenschaft glücklicherweise bald wieder nach.
Auffallend ist, dass alle Eltern zunächst denken, nur bei ihnen sei der Versuch gescheitert, ihre Kinder »gleich« zu erziehen und keine »typischen« Jungen oder Mädchen aus ihnen zu machen. Wenn sie erfahren, dass man es selbst längst aufgegeben hat, erzählen sie erleichtert, was für ein schlechtes Gewissen sie hatten, als ihre Tochter unbedingt mit Puppen spielen wollte und ihr Sohn sich sehnlichst einen Bagger wünschte. Offenbar hat sich in vielen Köpfen der Irrtum festge setzt, man könne durch Erziehung die Natur besiegen. Ich frage mich, wie überhaupt jemand auf die Idee kommen konnte, die Unterschiede zwischen Jungen und Mädchen zu leugnen, nur weil es politisch opportun war.
Jungen und Mädchen sind körperlich verschieden, ihre Gehirne arbeiten verschieden, ihr jeweiliger Hormonhaushalt unterscheidet sich. Warum sollte all das ohne Auswirkungen auf ihr Verhalten und ihre Empfindungen bleiben?
Je länger ich meine Kinder beobachte, desto deutlicher sehe ich die Unterschiede zwischen ihnen. Leo zum Beispiel hat sich noch nie einen Deut darum geschert,

was er anhat. Hauptsache, er kommt schnell rein in die Klamotten und abends schnell wieder raus. Mützen dürfen nicht kratzen, Hosen nicht zu eng sein – Bequemlichkeit ist ihm wichtig, Schönheit völlig schnurz. Welche Farben seine Sweatshirts haben, ob die Pullis einen Aufdruck tragen oder nicht – er bemerkt es nicht einmal.

Auch in ihren Vorlieben für bestimmte Spielsachen unterscheiden sich die beiden grundsätzlich. Paulina, die ja von Anfang an auch Leos »Jungenspielzeug« zur Verfügung hatte, schleppte, kaum dass sie laufen konnte, am liebsten Puppen und Kuscheltiere durch die Gegend. Sie bettete sie mütterlich aufs Sofa, deckte sie zu oder kutschierte sie im Puppenwagen herum. Leo, dem ich selbstverständlich ebenfalls Puppen und Puppenwagen geschenkt hatte, würdigte den Weiberkram keines Blickes – von einer kurzen Phase rund um Paulinas Geburt einmal abgesehen. Bald flogen die Puppen in die Ecke, und er wandte sich wieder der Konstruktion von Türmen zu, was drei Jahre lang seine absolute Lieblingsbeschäftigung war.

Leos Fantasien haben immer etwas Großartiges, Weltumspannendes, manche würden sagen »Männliches«. So will er »einen Tunnel unter dem Haus durchgraben« oder »ein Wohnmobil bauen und damit durch die Wüste fahren«, während Paulina in »typisch weiblicher« Bescheidenheit schon zufrieden ist, wenn jemand ihre Schaukel anschubst oder ihrer Lieblingspuppe einen Zopf macht.

Dass Jungen und Mädchen andere Spiele lieben, erfahre ich auch immer wieder, wenn meine Kinder Besuch haben. Zwei Jungen im Haus genügen, um die Grundmauern erzittern zu lassen. Sie schreien, toben, rasen treppauf und treppab, kämpfen miteinander und verwüsten dabei sämtliche Räume. Ich bin jedes Mal dankbar, wenn an solchen Nachmittagen nur Gegenstände zu Bruch gehen und keine Kinderknochen. Dagegen können fünf von Paulinas älteren Freundinnen da sein, ohne dass ich ihre Anwesenheit akustisch auch nur wahrnehmen würde. Am Ende ist oft noch das Kinderzimmer aufgeräumt und Paulina gewickelt und fertig fürs Bett.

Glauben Sie bitte nicht, dass ich hier dem traditionel-

len Rollenverhalten das Wort reden will, davon bin ich weit entfernt! Ich stelle einfach nur fest, dass es diese Verhaltensunterschiede gibt und dass sie meines Erachtens nicht anerzogen sein können – jedenfalls nicht nur. Ich wäre wirklich froh, wenn meine Kinder sich nicht häufig so verhalten würden, wie es das Klischee will. Aber ich muss zähneknirschend zugeben: Das Klischee ist – wie so oft – näher an der Wahrheit, als mir lieb ist. Umso begeisterter nehme ich zur Kenntnis, wenn Paulina gegen alle Rollenerwartungen draufgängerisch das Klettergerüst besteigt oder Leo ungewohnt zart ein Baby liebkost, was natürlich beides auch vorkommt. Das gibt mir die Hoffnung, dass in meinen Kindern mehr steckt als nur die Archetypen von Mann und Frau und dass ihre persönlichen Eigenheiten stärker sind als die geschlechtsspezifischen Unterschiede.

Dass die vorhanden sind, haben vor mir aber auch schon andere herausgefunden. So las ich kürzlich von einem Versuch, bei dem ein Glöckchen unter einem Schaukelstuhl befestigt wurde, der sowohl von Jungen wie auch von Mädchen benutzt wurde. Während die Mädchen den Stuhl in verschiedene Schwingungen versetzten, um dem Glöckchen hübsche Töne zu entlocken, krabbelten die Jungen unverzüglich unter das

Möbel, um herauszufinden, wo das Gebimmel seine Ursache hatte. Offenbar ist schon in jungen Jahren bei vielen Knaben der Hang zum Analytischen ausgeprägt, bei Mädchen dagegen eher der zum Ästhetischen, was sich ja oft im späteren Leben fortsetzt. Ausnahmen bestätigen natürlich, wie immer, die Regel.

Jungen und Mädchen sind zwar nicht »gleichartig«, aber »gleichberechtigt« sollten sie sein. Viel wichtiger als die Frage, wer mit Puppen und wer mit Autos spielen darf, ist deshalb, Jungen und Mädchen in dem Bewusstsein zu erziehen, dass sie gleich viel wert sind. Und dass es schön ist, dass sie unterschiedlich sind. Denn woher sonst, wenn nicht aus dieser Unterschiedlichkeit, entstünde die magische Anziehung zwischen dem Männlichen und dem Weiblichen, der wir nicht nur die Liebe verdanken, sondern das Leben überhaupt!

Konsequenz

Paulina (2 1/2) will ihre Hausschuhe alleine anziehen. Es dauert ziemlich lange, ich werde ungeduldig und helfe trotz ihres Protestgeschreis nach. Wütend meint sie: »Wenn du so böse bist, dann spiel ich nicht mit dir!«

Liebesbrief an einen Vater

Lieber Peter!
In zwei Bänden »StörenFrieds« ist fast nur die Rede von mir und den Kindern, und das ist einfach nicht gerecht. Ohne dich gäbe es die StörenFrieds weder in Wirklichkeit noch zwischen zwei Buchdeckeln; deshalb möchte ich dir jetzt sagen, warum du so ein außergewöhnlicher Vater bist!

Mein Vater war schon über fünfzig, als ich auf die Welt kam, und sechzig, als mein jüngster Bruder geboren wurde. Ich bin sicher, er hat uns geliebt, aber viel Bezug hat er nicht zu uns gehabt. Ich habe ihn als jemand in Erinnerung, der zwar mit uns im gleichen Haus gelebt hat, aber in keiner Weise für uns »zuständig« war. Es war meine Mutter, die sich fast ausschließlich um die Organisation des Alltags und die Erziehung gekümmert hat. Hin und wieder gab es ein väterliches »Donnerwetter« oder eine unerwartete Zuwendung, aber insgesamt war mein Vater eine ferne, abwesende Person.

Ich hatte also keine rechte Vorstellung davon, wie Väter eigentlich sind (oder besser: sein könnten), als ich dich traf. Du hattest damals einen »Pflegesohn«, das Kind deiner ehemaligen Lebensgefährtin, mit dem du fünf Jahre zusammengelebt hattest. Kirim war (und ist) für dich wie ein eigener Sohn, du warst (und bist) für den heute Fünfzehnjährigen immer noch wie ein Vater.
Ich erlebte dich also schon damals in dieser Rolle, wenn auch nicht jeden Tag. Und spätestens seither wuss-te ich: Das ist der Vater, den ich mir für meine Kinder wünsche!
Du warst so liebevoll, lustig und gleichzeitig energisch, wie ich mir meinen Vater immer gewünscht hätte. Erst damals ist mir klar geworden, wie wenig er diesem Bild entsprochen hat.
An den Wochenenden, an denen Kirim bei dir war, spielten wir »Familie«. Kirim und ich lauschten deinen spannenden Erzählungen vom Detektiv Kurt Oberländer, der mit seiner Frau Isi und den Kindern Sonne und Mond die tollsten Abenteuer erlebte; wir machten zu dritt Ausflüge in die Umgebung, und ich konnte mir vorstellen, wie es später mal mit unseren Kindern sein würde.
Damals begriff ich auch, welche Verantwortung ein

Kind bedeutet. Kirim musste was Vernünftiges zu essen kriegen, man musste ihn warm genug anziehen, er musste rechtzeitig ins Bett, man durfte ihn nachts nicht alleine lassen, man musste dafür sorgen, dass er keinen gefährlichen Blödsinn machte und unversehrt zu seiner Mutter zurückkehrte. Manchmal war ich ganz froh, dass es nur eine »Trockenübung« war und wir noch ein bisschen Zeit hatten, bevor unser erstes Kind geboren wurde.

Als es so weit war, fühlte ich mich wunderbar sicher und geborgen bei dem Gedanken, dass du schon vieles von dem kanntest, was auf uns zukommen würde. Welche Hochleistungen du als Hebamme bei Leos Geburt vollbracht hast, habe ich im ersten Band der »StörenFrieds« bereits beschrieben. Aber auch danach war klar, dass unser Kind genauso »dein Job« ist wie meiner. Wie oft bist du nachts mit Leo auf dem Arm durch die Wohnung spaziert, um mir ein bisschen Schlaf zu ermöglichen! Wie rührend hast du Faxen mit ihm gemacht, wenn er quengelig war

und ich den Nerv nicht mehr hatte, ihn zu beruhigen! Nie fühlte ich mich mit dem Baby allein gelassen oder von dir unverstanden. Anders als bei vielen Vätern hielt dein Wunsch nach einem Kind den Strapazen des Alltags stand. Du wünschtest dir wirklich eine Familie, und du wusstest, welche Anstrengung das bedeutet. Deine Vorstellung vom Vatersein war nicht abstrakt. Deshalb hast du auch nicht so einen Schrecken gekriegt wie viele Väter, wenn sie merken, dass sie jetzt für eine ganze Weile die eigenen Bedürfnisse zurückstellen müssen. Dein Anteil an unserem Familienleben erschöpfte sich nicht darin, dass du stolz der Verwandtschaft dein Baby präsentiertest und dich als Papi feiern ließest. Du warst auch noch da, wenn die Verwandten wieder weg waren und dein Sohn brüllte, weil er Hunger hatte und volle Windeln. (Wobei ich ehrlicherweise anfügen muss, dass Wickeln nicht deine Lieblingsbeschäftigung ist und du immer dankbar warst, wenn ich dir das abgenommen habe!)
Eines musste ich allerdings selbst erst lernen: dich machen zu lassen. Als Mutter neigt man dazu, alles besser zu wissen und selbst machen zu wollen. So stand ich anfangs wippend vor Ungeduld daneben und sah zu, wie du Leo verkehrt herum in seinem Strampler

verstautest. Ich konnte mir einen Kommentar nicht verkneifen, und prompt meintest du eingeschnappt: »Dann mach's doch selber!«
Ich begriff, dass ich dir auf diese Weise die Lust nehmen würde, dich um deinen Sohn zu kümmern, und dass mir das nur selbst schaden würde. Also beherrschte ich mich zukünftig, wenn Leo seine Hemdchen seitenverkehrt trug oder zwei verschiedenfarbige Socken seine Füße zierten.
Auch deinen gelegentlich etwas robusteren Umgang mit dem Baby akzeptierte ich. So spieltest du zum Beispiel gerne »Düsenflugzeug«, wobei du mit Leo im Arm durch die Wohnung ranntest, dass mir vom Zuschauen schlecht wurde. Oder du setztest dem kleinen Kerl komische Hüte auf und maltest ihm einen Schnurrbart. Leo schien all das nichts auszumachen, und auch ich musste nach anfänglichem Schrecken meistens lachen.
Später gab es immer wieder Momente, in denen ich versucht war, einzugreifen und meine mütterlichen Vorstellungen vom Umgang mit einem Kleinkind durchzusetzen. Aber du hast eben deinen eigenen Stil, und der ist nicht schlechter als meiner – nur anders.
Als Leo größer wurde und sich die ersten Fragen nach der »richtigen« Erziehung stellten, bist du keiner

Diskussion aus dem Weg gegangen, hast dich immer bemüht, gemeinsam mit mir nach dem besten Weg zu suchen. Dabei hast du mich durchaus auch mit meinen eigenen Unzulänglichkeiten konfrontiert.

Als Leo eine Weile fürchterliches Theater beim Essen machte, war ich oft ungeduldig und genervt, gleichzeitig machte ich mir Sorgen, er könnte nicht genug kriegen. Du hast mich einerseits beruhigt, mir andererseits klar gemacht, dass jetzt die Weichen für Leos späteres Essverhalten gestellt werden. Ich kapierte, dass ich mit Druck überhaupt nichts erreichen würde, außer Leo den Spaß am Essen zu verderben. Mit deiner Unterstützung konnte ich ihn einfach lassen – und siehe da, nach kürzester Zeit aß er wieder normal und ist noch heute in dieser Hinsicht das unkomplizierteste Kind, das ich kenne.

Das ist nur eines von vielen Beispielen, bei denen ich begriff, wie viel leichter das Leben mit Kindern ist, wenn man zu zweit ist. Das erhöht meinen ohnehin schon großen Respekt vor allein Erziehenden, verstärkt aber auch meinen Ärger über Väter, die sich nicht mitverantwortlich fühlen. Und leider gibt es immer noch viel zu viele, die offen oder heimlich der Ansicht sind, der Alltag mit den Kindern sei Frauensache.

Du, lieber Peter, bist anders. Und du hast das Glück, durch deine freiberufliche Tätigkeit mehr Zeit mit deinen Kindern verbringen zu können als die meisten anderen Väter.
Da ich selbst berufstätig bin, bist du als Vater sowieso mehr gefordert. Für dich hat meine Arbeit den gleichen Stellenwert wie deine – auch nicht gerade eine Selbstverständlichkeit. In manchen Momenten hast du es bestimmt schon insgeheim bedauert, dass bei uns nicht die praktische alte Rollenverteilung herrscht, gib's zu! Ein emanzipierter Mann und Vater zu sein ist nämlich ganz schön anstrengend, dass du es trotzdem bist, rechne ich dir hoch an!

Darüber hinaus bist du liebevoll und zärtlich, du nimmst deine Kinder ernst und gibst ihnen das Gefühl, wichtig zu sein. Wenn es nötig ist, kannst du aber auch Grenzen ziehen, und du bist, was ich sehr wichtig finde, immer eindeutig. Nie machst du taktische Spielchen oder setzt deine Kinder mit Psychoterror unter Druck. Sie wissen immer genau, woran sie bei dir sind. Und selbst wenn du stinkewütend bist, ist dir noch nie die Hand ausgerutscht. Ich weiß nicht, wie viele Väter das von sich behaupten können.

Als Paulina geboren wurde, war unser Familienglück perfekt. Wir waren beide lässiger und entspannter als beim ersten Mal, und dadurch war alles weniger anstrengend. Trotzdem gab es die schlaflosen Nächte, es gab Leos Eifersucht, und wieder hast du mich sehr unterstützt, diesmal hauptsächlich, indem du dich besonders lieb um unseren Sohn gekümmert hast.
Im Umgang mit Paulina spürte ich anfangs eine kleine Unsicherheit – mit einer Tochter warst du einfach nicht vertraut. Ich habe dich dann ganz bewusst öfter mit ihr allein gelassen, und bald merkte ich, dass ihr euch gefunden hattet.
Heute kann ich problemlos ein paar Tage geschäftlich verreisen, und du schmeißt den Laden. Zwei Kinder versorgen, ins Bett bringen, Paulina nachts beruhigen, Leo morgens für den Kindergarten fertig machen – was andere Väter zum Rotieren bringen würde, das schaffst du mit links. Obendrein erzählst du vorm Schlafengehen spannende Geschichten vom kleinen Regenwurm, von den befreiten Tieren und natürlich von Kurt Oberländer, dem Detektiv.
Auch die Jimi-Hendrix-Performance auf der Gitarre erfreut sich bei deinen Kindern großer Beliebtheit, und Leo eifert dir musikalisch schon heftig nach.

Deine Fähigkeiten als Vater blieben natürlich auch außerhalb unserer Familie nicht unbemerkt; viele meiner Freundinnen blicken neidisch auf mich, und ich bin sicher, sie würden Schlange stehen, wenn ich dich zum Höchstgebot abgeben würde.
Mach ich aber nicht, denn ich finde, du bist der mit Abstand beste Typ, der mir im Leben begegnet ist. Abgesehen davon, dass du ein großartiger Vater bist, bist du auch der tollste Mann, den ich mir vorstellen kann. Der beste Geschichtenerzähler bist du sowieso, und jetzt kann ich es dir ja verraten: Wenn du mir nicht ohnehin so gut gefallen hättest, dann hätte ich dich schon wegen der Kurt-Oberländer-Geschichten geheiratet!

Ich danke dir für alles.
In Liebe,
deine Amelie

Nachwort

Liebe Leserin, lieber Leser!

Das also war das Neueste von den »StörenFrieds«, ich hoffe, Sie hatten Spaß bei der Lektüre!
Mir ist nur allzu bewusst, dass meine »StörenFrieds« Leo und Paulina in einer privilegierten Situation sind. Sie wachsen in einigermaßen gesicherten familiären und finanziellen Verhältnissen auf, sie atmen saubere Luft und haben Platz zum Spielen. Schlimm genug, dass diese Mindestvoraussetzungen nicht für alle Kinder vorhanden sind. Erlauben Sie mir deshalb ein paar Gedanken zum Schluss, sozusagen »von Eltern zu Eltern«.
»Kinder sind Gäste, die nach dem Weg fragen« – diesen Satz habe ich vor Jahren mal gelesen, und er ist mir im Gedächtnis geblieben. Wir Eltern sind also die Gastgeber, die den uns anvertrauten Kindern den Weg ins Leben zeigen sollen. Dass dies keine leichte Aufgabe ist, wissen wir alle. Nicht nur die Erziehung selbst bringt uns manchmal an die Grenzen, auch äußere Umstände wie die Kinderfeindlichkeit unserer Gesellschaft oder materielle Probleme können eine große Belastung sein.

Während ich diese Zeilen schreibe, ist die Arbeitslosigkeit in der Bundesrepublik auf dem höchsten Stand seit 1945. Immer mehr Menschen müssen Angst um ihren Arbeitsplatz haben, es gibt viel zu wenig bezahlbaren Wohnraum für Familien, und schon ein Kind zu viel kann den Abstieg in die Armut bedeuten. Da gehört für viele Eltern eine Menge Mut dazu, sich für Kinder zu entscheiden.

Andere Familien leiden nicht so sehr am materiellen Mangel, sondern am Mangel an Zeit. Wenn Vater und Mutter ganztags arbeiten müssen, um die Familie zu ernähren, bleibt zu wenig Zeit und Kraft für Gemeinsames. Dann werden Kinder oft nur noch verwaltet, aber nicht betreut. Vielleicht gibt es auch Fälle, in denen ein bisschen weniger Einkommen für die Eltern zu verkraften wäre, wenn die gewonnene Zeit dafür den Kindern zugute käme. Es müssen nicht immer zwei Autos, drei Urlaubsreisen im Jahr und ständig neue Designerklamotten sein.

Seit ich Kinder habe, bin ich mir nicht nur der Endlichkeit meines eigenen Daseins bewusst geworden, ich habe auch begriffen, dass ich eine Verantwortung trage, die über den Bereich meiner Familie hinausgeht. Natürlich liegt vieles nicht in unserer Hand, aber wir alle entscheiden jeden Tag ein Stück weit mit, ob diese Welt ein Ort ist, an dem Kinder wachsen und gedeihen können. Vielleicht sollten wir uns das hin und wieder ins Gedächtnis rufen.

Alles Gute wünschen Ihnen
Amelie Fried und die »StörenFrieds«

Optimist

Leo (knapp 5): »Warum heiraten eigentlich die Leute?«
Ich: »Weil sie sich lieb haben. Aber nicht jeder findet jemanden zum Liebhaben und Heiraten. Es ist ein großes Glück, wenn man den richtigen Partner findet.«
Leo (verständnislos): »Wieso, eine Frau findet man doch immer!«